Munterrichtsmethoden Band 2

22 weitere aktivierende Lehrmethoden für die Seminarpraxis

| Harald Groß |

SCHILLING | VERLAG

Lektorat:
Erdmute Otto, Neu Darchau / Drethem

Korrektorat:
Rita und Siegbert Groß, Bodnegg

Recherche:
Siegbert Groß, Bodnegg

Titelfoto und Covergestaltung,
Layoutentwurf:
Nikolaas Boden, Berlin

Fotos: Angelika Wolpert, Berlin

Harald Groß
Munterrichtsmethoden® - Band 2
22 weitere aktivierende Lehrmethoden
für die Seminarpraxis

Gert Schilling Verlag, Berlin 2014
ISBN 978-3-930816-28-6
www.schilling-verlag.de

Orbium Seminare Berlin
www.orbium.de

Inhalt

Wie Kann ich die Leute in großen Gruppen (mehr als 60TN) aktivieren?
Gespräch mit Nachbarn zur Frage
Einzelaufgaben
Schätzfragen
Leseaufträge gehen immer
Abstimmen mit Daumen, Karten...
Klickertechnik (gibt es in manchen Hörsaalen)

Inhalt

Inhalt

Herzlich willkommen!

Hallo und guten Tag,

herzlich willkommen auf den ersten Seiten dieses zweiten Munterrichtsmethodenbuches. Ich vermute, Sie schlagen es auf, weil Sie Lehrerin, Trainer, Referentin, Dozent oder Ausbilderin sind. Lauter schöne Lehrberufe. Berufe, in denen Sie eine Vielzahl von Aufgaben erfüllen: Sie arbeiten sich in Fachthemen ein, setzen inhaltliche Schwerpunkte, finden eine für die Lernenden hilfreiche Struktur. Sie entwickeln Methoden und Übungen. Und Sie bauen Beziehungen zu den Teilnehmenden auf, leiten Gruppen, lösen Konflikte, erklären, stellen Fragen …

Hinter all diesen Aufgaben steckt ein zentraler Hauptauftrag für uns Lehrende: Wir sollen und wollen das Lernen bei den Teilnehmenden auslösen!

Manche Lehrende haben eine sehr klare Vorstellung davon, wie das gut gelingen kann. Ihr Ansatz: Als Fachmann oder Fachfrau teilen sie ihr Wissen mit. Die Teilnehmenden hören zu. Und lernen. Das ist die Idee – und jahrhundertelange alltägliche Praxis.

Sie hat Charme, diese Idee. Denn Lehren wäre so ganz einfach. Man erklärt, was wichtig ist und in den Kopf der Lernenden hineinsoll. Und fertig. Profundes Fachwissen und ein paar rhetorische Fertigkeiten reichen dafür als Lehrqualifikation gut aus. Und das Beste: Lehren geht so ganz schnell. Es ist enorm, was man in einer Stunde alles sagen kann! Leider jedoch klappt es so mit dem Lernen meistens gar nicht gut.

Ein Juradozent der Freien Universität Berlin erklärte als Teilnehmer in einer Didaktikausbildung nachdenklich schmunzelnd: »Mir wird eines immer klarer: Es geht nicht darum, was ich den Studierenden sage. Es kommt darauf an, was sie in meinem Kurs lernen!«

Was aber muss passieren, damit die Teilnehmenden in Ihren Seminaren, Trainings und Kursen überhaupt etwas lernen? Der Berliner Weiterbildungsprofessor Dr. Klaus Döring beschrieb es mit diesem Bild: »Lernen, das ist ein Wechsel von Einatmen und Ausatmen.« Ein wechselseitiger Prozess, der stetig fortschreitet.

Lernprozess nach Döring

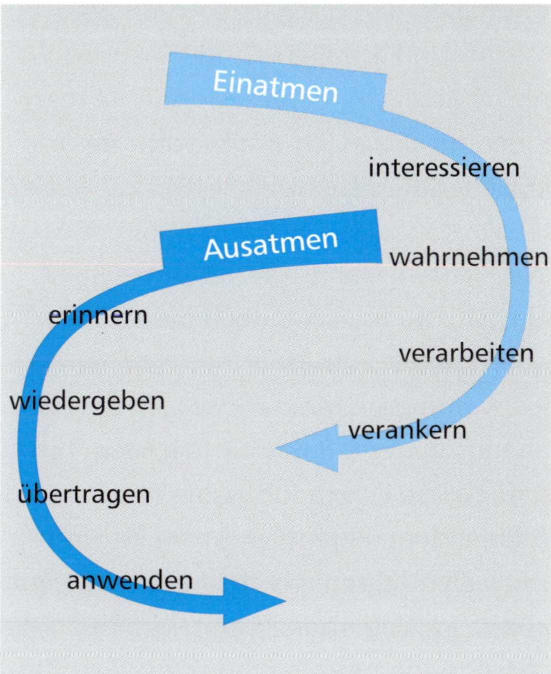

Angenommen, ich wäre Teilnehmer in Ihrem Kurs. Was müsste ich aus Professor Dörings Sicht tun, um in Ihrem Seminar wirklich etwas zu lernen?

Das »Einatmen« – oder die aufnehmende, rezeptive Phase – beginnt mit meinem Interesse am Thema. Ich bin neugierig auf die Inhalte, Fragen, Probleme, Antworten. Oder soll es sein – das habe ich eingesehen. Also höre ich aufmerksam zu, bin mit wachem Geist dabei. Die neuen Informationen und Gedanken nehme ich auf. Und suche Verknüpfungen zu meinem Wissen, meinen Erfahrungen. Ich frage nach, bis ich alles verstanden habe. Ist das gelungen, beschäftige ich mich anschließend noch weiter mit dem Stoff. Bis ich meine, dass ich ihn sicher gespeichert habe.

Puh – eine Menge Arbeit. Und dies war erst die Hälfte des Prozesses.

Beim »Ausatmen« – oder in der expressiven Phase – erinnere ich mich an das Gehörte, Gesehene, Besprochene, Gelesene. Ich gebe die gewonnenen Erkenntnisse mit eigenen Worten wieder, erkläre sie beispielsweise meinem Nachbarn, zeichne eine Übersicht über das Thema. Und überlege, wie ich die Informationen in meinen Alltag, auf mein Problem ganz konkret übertragen kann. Nach dem Seminar wende ich das Gelernte an, probiere es aus.

Klar wird: Als Lernender in diesem Verständnis bin ich weit mehr als ein konzentrierter Zuhörer. Ich beschäftige mich in beiden Phasen der Spirale aktiv mit dem Thema: Schon beim »Einatmen« vermute ich, taste ich mich an den Lernstoff heran, hinterfrage. Beim »Ausatmen« vergleiche ich und übertrage ich die Inhalte in die Praxis, erprobe und übe … Teile meiner Lernaktivitäten sind äußerlich sichtbar. Dann beispielsweise, wenn ich erkläre, diskutiere, anwende. Häufig bin ich jedoch auch im Kopf aktiv. Ich denke scharf nach, vergleiche, knüpfe Verbindungen.

Und Sie, liebe Lehrende? Was machen Sie, während ich hochaktiv bin und mich mit dem Lernstoff auseinandersetze?

In einem Kurs für Ausbilderinnen und Ausbilder einer großen deutschen Bundesbehörde bat ich die Teilnehmenden, sich mit einem – ihnen bis dahin – noch unbekannten lernpsychologischen Modell auseinanderzusetzen. Die Gruppe bekam dafür ein Set von Stichwortkarten. Auf den Karten standen Teilbegriffe des Modells. Aufgabe der Lernenden war, die Karten an einer Pinnwand in eine für sie schlüssige Anordnung zu bringen. Und ihre Idee anschließend vorzustellen (**Drehen und Wenden**, Methode 16, Band 1). Als die Teilnehmenden ihre Idee präsentiert hatten und wir mit dem Thema inhaltlich fertig waren, fragte ich: »Wenn Sie auf die letzten 20 Minuten unseres Seminars zurückblicken. Was haben Sie getan? Und was habe ich gemacht? Beschreiben Sie mal.« Nach kurzer Denkzeit sagte ein Teilnehmer: »Wir haben uns mit dem Modell beschäftigt. Wir haben diskutiert und hin- und her überlegt. Eben haben wir das Konzept vernünftig vorgestellt. Wir haben hier die ganze Arbeit gemacht. Und Sie, Herr Groß? Sie haben nichts gemacht. Eigentlich müsste man Ihnen für diese Zeit etwas vom Honorar abziehen!«

Wir lachten. Dann trat betretene Stille ein. Müsste man mir nach dieser Sequenz etwas vom Honorar abziehen? Ich war in dem Moment sprachlos. Erst abends in der S-Bahn hatte ich die Ruhe dafür, klare Worte für meine Position zu finden; denn eigentlich ist sie für mich seit vielen Jahren wie meine zweite Haut: »Ganz im Gegenteil: Wenn wir über Geld reden, dann müsste man mir genau für diese Zeit mehr bezahlen.« Warum? Weil ich das Lernen dann am besten auslösen kann, wenn ich die Teilnehmenden in jeder Phase des Lernprozesses aktiv werden lasse. Und mich bisweilen zurücknehme. Mich aufs Beobachten beschränke, dabei aufmerksam genug, um unterstützend einzugreifen, wenn meine Hilfe gebraucht wird.

Deutlich wird: Professor Dörings Vorstellung vom Lehren und Lernen hat Einfluss auf die Beurteilung unserer Rollenverteilung im Seminarraum.

Schauen Sie sich die folgende Grafik an. Halten Sie kurz inne, bevor Sie umblättern und überlegen Sie:

- Wie würde ein Seminartag oder eine Unterrichtsstunde in den 3 verschiedenen Ansätzen aussehen?
- Welche Vorteile und welche Gefahren stecken in den 3 Ansätzen?
- Welche der Ansätze beschreiben die Rollenverteilung in Ihren unterschiedlichen Kursen am besten?

L = Aktivitätsanteil des Lehrenden

TN = Aktivitätsanteil des Teilmehmenden

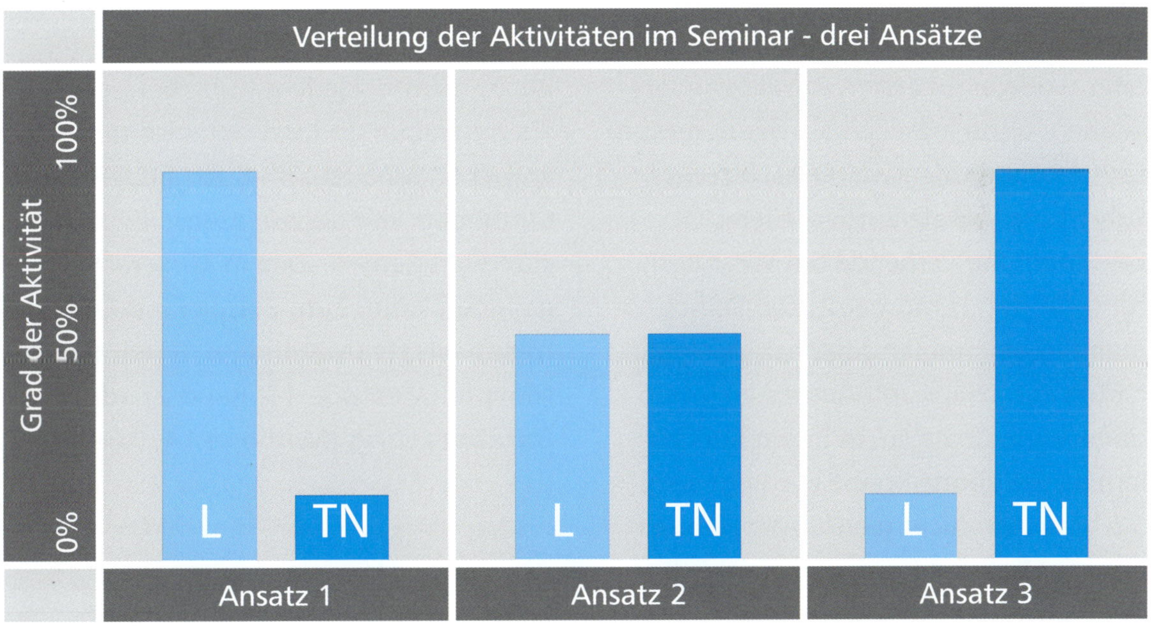

Bei Ansatz 1 sind vor allem Sie als Dozenten, als Dozentinnen aktiv. Sie erzählen und erklären. Und lernen womöglich von allen Anwesenden im Raum am meisten dabei. Der Vorteil dieses Ansatzes: Als Lehrende können Sie gut strukturiert in neue Stoffgebiete einführen, den Teilnehmenden einen guten Überblick geben. Vor allem für Einsteiger in ein neues Thema kann das sehr hilfreich sein. In kurzer Zeit können Sie viel Stoff behandeln bzw. übergeben. Ihre Teilnehmenden hören zu, denken mit – solange Ihr Vortragstempo es zulässt. Aber lernen sie dabei tatsächlich viel? Das Ergebnis bleibt hier ungewiss.

Wenn Sie Ihren üblichen Unterricht mehr oder weniger im ersten Ansatz wiedererkennen, dann locke ich Sie mit den Munterrichtsmethoden weiter nach rechts – Richtung Ansatz 2. Hier teilen sich Lehrende und Lernende die Verantwortung für den Lernprozess: Die Teilnehmenden bekommen zahlreiche Gelegenheiten zum »Ein- und Ausatmen«. Und damit viele Chancen, in Ihrem Kurs zu lernen. Sie können ganz beruhigt sein. Sie brauchen nicht gleich Ihr gesamtes Konzept auf den Kopf zu stellen. Schon der zusätzliche Einsatz weniger Methoden führt ganz automatisch zu einer höheren aktiven Beteiligung der Lernenden. Mit den Methoden **Stimmt's, oder stimmt's nicht?** (Methode 6, Band 2), **Links und rechts** (Methode 12, Band 2) oder **Ampelkarten** (Methode 18, Band 2) leiten Sie schon spürbare Veränderungen ein. Die Lernenden lernen viel aktiver.

Hochaktiv sind die Teilnehmenden bei Ansatz 3. Hier erarbeiten sie sich den Stoff größtenteils selbständig. Wir Lehrenden organisieren, begleiten, unterstützen. Der Vorteil: Die Lernenden setzen sich ausgiebig mit den Themen auseinander. Das führt zu einer intensiven Verarbeitungstiefe. So zu lernen braucht allerdings viel mehr Zeit für dasselbe Stoffpensum. Zeit, die wir in der Praxis nicht bei jedem Kurs, bei jedem Thema haben. Es lässt sich also nicht immer so arbeiten. Im Buch finden Sie Methoden, mit denen intensives, selbständiges Lernen auch in kürzerer Zeit gelingen kann. Zum Beispiel mit **Lesegesellschaft** (Methode 8, Band 2) **Miss Marple** (Methode 13, Band 2) oder **Blitzberatung** (Methode 14, Band 2).

Freuen Sie jetzt sich auf 22 neue Munterrichtsmethoden, mit denen Sie die Lernenden in kurzer Zeit und mit wenig Aufwand aktivieren und das Lernen auslösen können. Natürlich wieder auf eine muntere Weise: Für die Lernenden. Und auch für Sie selbst.

Bevor es losgeht, noch ein paar Hinweise zum Aufbau des Buches:
In Kapitel 1 – **Munterrichtsprinzipien** – lesen Sie, welche didaktischen Grundlagen die Methoden verbinden.

Kapitel 2 enthält alle **22 Methoden**. Mit Kurzinformationen für die rasche Suche und ausführlichen Beschreibungen aller Lehrwege.

Um für Ihre Kurse die passende Auswahl zu treffen, empfehle ich Ihnen Kapitel 3 – **Munterrichtsmethodenwahl**.

Und dann wird es richtig spannend. Im Seminarraum. Wenn Sie die Munterrichtsmethoden Ihrer Wahl einsetzen.

Ich wünsche Ihnen und Ihren Teilnehmenden viel Freude und gute Lernerfolge.
Viel Spaß mit den neuen Methoden!

Berlin, im September 2014
Harald Groß

Das war heute wieder ein guter Tag!

Vorwort
von Dr. Helmut Riethmüller

»Und wie war´s heute in der Schule?« frage ich meinen 16-jährjigen Sohn. »Wie immer.«

Ein täglicher, ein hunderttausendfacher Dialog in deutschen Familien, ein Elend. Es ist das Elend der Schulbänke, der Hörsäle, der Berufsschulen.

Ich hake nach: »Und könnte es wirklich nicht mal anders sein?« »Was meinst Du denn?« »Na, dass es mal nicht wie immer ist?« »Nö, es sind doch auch immer dieselben Lehrer.« »Könnte es nicht mal sein, dass Schule Spaß macht, dass was richtig interessant ist, dass Ihr morgens gerne in die Schule geht?« »Das geht doch gar nicht!«

Ende des niederschmetternden Dialogs.

Geht es wirklich nicht anders? Doch, natürlich, es gibt zum Glück Ausnahmen in Schulen, Hochschulen und Bildungseinrichtungen. Mit neuen Ansätzen, bei engagierten Lehrenden. Aber die Grunderfahrung von Schule und Unterricht ist für viele immer noch geprägt von Langeweile, Frust und »Muss man halt durch!« Und sie hat sich oft zu einem festen Muster eingeprägt. So fest, dass viele sich gar nicht vorstellen können, dass es anders sein könnte.

Dieses Buch zeigt auf, wie es doch anders geht. Mit vielen kleinen Hebeln in vielen einzelnen Situationen. Neues Lernen auf der Grundlage der Hirnforschung will den ganzen Menschen ansprechen. Es geht um vielfältige Erlebnisse und neue Erfahrungen, Entdeckungslernen und Emotionen. Um reale Problemstellungen und Projekte, echte Herausforderungen und persönliches Wachstum, Teamgeist und Gemeinschaftserfolge, aktive Auseinandersetzung mit dem Lernstoff – und vor allem: Lebensfreude. Das sind die Elemente, die zu einem lebendigen Lernen führen.

Mögen sie zu einem neuartigen Erleben des Lernens, zur täglichen Vorfreude auf den Unterricht beitragen. Und wenn wir – als Lehrende und Lernende – am Abend sagen können »Das war heute wieder ein guter Tag! Da war eine so gute Stimmung. Wir haben zusammen was Gutes erlebt! Und wir haben dabei viel gelernt!«, dann sind wir auf dem richtigen Weg.

Die aufgezeigten Methoden tragen dazu bei, im Seminarraum, im Hörsaal, im Klassenzimmer etwas zu ändern. Wir können mit jedem Tag etwas besser werden!

Berlin, im September 2014

Dr. Helmut Riethmüller
Vorstand FORUM Berufsbildung e.V. Berlin

Munterrichtsprinzipien

Munterrichtsprinzipien

Die Munterrichtsmethoden sind in ihrer Art, das wird Ihnen rasch auffallen, wenn Sie den Methodenteil überfliegen, sehr unterschiedlich. Ihre Vielfältigkeit kann – in gelungener Kombination – auch aus bisweilen eintönigem Unterricht mit trockenen und sperrigen Themen einen anregenden Munterricht machen, bei dem die Zeit wie im Flug vergeht. Bei aller Vielseitigkeit haben die in dieser Sammlung beschriebenen Methoden jedoch auch eine Menge gemeinsam. Lesen Sie auf den nächsten Seiten, welche didaktischen Grundlagen die Methoden verbinden.

Die 6 Prinzipien

1. Jede Methode verfolgt konkrete Lernziele
2. Die Lernenden sind aktiv
3. Die Methoden fordern heraus
4. Gemeinsam lernen
5. Es macht Spaß, so zu lernen
6. Die Methoden sind einfach

Prinzip 1: Jede Methode verfolgt konkrete Lernziele

Der Begriff »Methode« stammt vom griechischen Wort »méthodos«, das »Weg« bedeutet. Methoden, das sind also Wege, die in der Regel zu ganz bestimmten Zielen führen sollen. So auch die Munterrichtsmethoden. Neben all der Munterkeit, die sie bieten, dienen sie vor allem dazu, Lernprozesse bei den Teilnehmenden erfolgreich in Gang zu bringen. Für uns als Lehrende ist daher beim Einsatz der Methoden wichtig, immer wieder Folgendes zu prüfen:

- Welche Ziele können wir mit dieser oder jener Methode erreichen?
- Was können die Teilnehmenden durch dieses Vorgehen leichter kennen lernen, verarbeiten, verankern, erinnern, wiedergeben, übertragen oder anwenden?
- Bei welchem Ziel liegt jeweils der Schwerpunkt?

Bei allen Methodenbeschreibungen lesen Sie, welche Ziele Sie mit den Lernwegen verfolgen können. Gute Lehrende wissen bei ihrem didaktischen Handeln, warum sie etwas tun – oder lassen. Wahrscheinlich merken Sie langsam: Ich bin ein rechter Ziele-Fan. Und gleich-

Munterrichtsprinzipien

zeitig bin ich mir bewusst, dass wir als Lehrende – trotz aller Zielorientierung – in den Köpfen der Lernenden das Lernen nicht wie planende Ingenieure herbeiführen können. Die Vorstellung von Lehrenden als kleinen Maschinisten, die in den Köpfen der Lernenden arbeiten, hat die Didaktik jedoch lange geprägt: »Wenn ich das Ziel nur klar habe, es allen deutlich mache und eisern verfolge, dann wird der gewünschte Prozess schon in Gang kommen.« Das war die Hoffnung der »Erzeugungsdidaktik«.

Lernen aber ist viel komplexer. Das macht unseren Beruf spannend. Die konstruktivistische Didaktik um Horst Siebert, Kersten Reich und Rolf Arnold hat den Begriff »Ermöglichungsdidaktik« geprägt. Wir Lehrende haben dabei die Aufgabe, Chancen herbeizuführen, damit unsere Teilnehmenden gut lernen können. Lernen aber werden nur sie selbst. Und sie werden auch selbst bestimmen, welche Lernziele sie verfolgen.

Halt! Den letzten Satz nochmal – wie heißt gleich unser erstes Prinzip? Sind Sie auch irritiert? Mich jedenfalls haben die Ideen der Ermöglichungsdidaktiker anfangs schwer durcheinandergebracht. »Wozu brauchen wir dann noch Lernziele?«, fragte ich mich. Und: »Was machen wir dann mit unseren mühsam erarbeiteten Lernzielen?« Wenn die Teilnehmenden am Ende doch nur das lernen, was in ihren Köpfen möglich und sinnvoll ist und ihnen persönlich wichtig erscheint? Ein harter Brocken für einen Ziele-Freak.

Ein Satz von Horst Siebert in seinem Buch »Methoden für die Bildungsarbeit« hat mich entlastet: »Lehre in der Erwachsenenbildung ist nicht wirkungslos, aber wirkunsicher und unberechenbar. Oft wird in einem Kurs etwas anderes gelernt, als die Lehrenden beabsichtigen.« Wenn Wirkunsicherheit also die ungeschminkte Realität allen Unterrichtens in der Erwachsenenbildung ist, wie damit umgehen?

Ich habe nach einiger Zeit der Verunsicherung beschlossen: Ich bleibe dabei – jede der Methoden, mit denen ich arbeite, verfolgt ein oder mehrere ganz konkrete Lernziele. So ist es auch bei den Munterrichtsmethoden. Und es ist gut und wichtig, dass wir Lehrenden uns diese Ziele bei der Auswahl, Planung und Anleitung der Methoden bewusst machen. Denn natürlich wollen wir – auch im Sinne unserer Auftraggeber – nicht irgendwelche, sondern ganz bestimmte Lernprozesse ermöglichen. Was dann aber letztlich bei den einzelnen Lernenden passiert, was sie aus den jeweiligen Sequenzen für sich herausziehen, das bleibt offen in unserem aufregenden, wirkunsicheren Geschäft. Wir können jedoch durch gute Methoden und gründliche Vorbereitung (mehr dazu im Kapitel Munterrichtsmethodenwahl) die Wahrscheinlichkeit erhöhen, dass die anvisierten Ziele erreicht werden.

Prinzip 2: Die Lernenden sind aktiv

Welche Methoden führen denn nun am sichersten zum Lernerfolg? Diese Frage lässt sich leider schwer beantworten. Denn Lernen ist ein komplexer Prozess. In einem sind sich die großen lernpsychologischen Schulen jedoch einig: Je aktiver sich die Lernenden mit den Inhalten auseinandersetzen, desto intensiver ist die Verarbeitungstiefe.

Diese Erfahrung mache ich in meinen Kursen seit vielen Jahren. Inhalte, die ich lediglich erzähle; Texte, die die Lernenden nur einmal lesen; Gedanken, die wir nur ein einziges Mal teilen: Das alles verblasst schnell. Schon nach wenigen Stunden können wir nur noch ernüchternd wenig erinnern. Gebe ich den Lernenden jedoch Gelegenheit, sich aktiv – und mehrfach! – mit dem Stoff zu beschäftigen, dann steigt die Quote dessen, was die Teilnehmenden später erinnern können. An einem Experiment dazu können Sie später gern teilnehmen. Wo im Buch, verrate ich aus gutem Grund aber nicht …

Das zweite, ganz zentrale Prinzip dieser Methodensammlung lautet also: Alle Methoden ermöglichen den Lernenden eine aktive Auseinandersetzung mit dem Lernstoff. Und das auf äußerst vielfältige Weise: Die Lernenden hören nicht nur zu, sondern sie vergleichen auch, hinterfragen, erklären, streiten, ordnen, entscheiden, fassen zusammen, lesen, vermuten, präsentieren, diskutieren … Viele weitere Formen der aktiven Auseinandersetzung stoßen die Munterrichtsmethoden an. Dabei geht es nicht um blinden Aktionismus. Die Methoden fordern die Lernenden aus guten Gründen auf, den Stoff nicht nur müde an sich vorbeiziehen zu lassen, sondern sich mit ihm bewusst auseinanderzusetzen. Im Seminar aktiv dabei zu sein hat – neben dem lerntechnisch entscheidenden Aspekt der intensiveren Verarbeitungstiefe – noch einen weiteren Vorteil: Wer sich aktiv beschäftigt, schläft nicht ein! Auch dazu können Sie mit den Munterrichtsmethoden beitragen.

Munterrichtsprinzipien

Prinzip 3: Die Methoden fordern heraus

Ein Seminartag in Berlin im Winter. Es ist der dritte Teil einer längeren Trainerqualifizierung. Wir arbeiten intensiv. Mitten in eine Denkpause hinein sagt ein Teilnehmer: »Lernen mit Ihnen ist kein Friseurbesuch, Herr Groß!« Alle lachen. Dann Stille. Die Leute schauen ein wenig irritiert. Ich verstehe ihn auch nicht, wenn ich ehrlich bin. Und frage nach: »Was genau meinen Sie damit?« Er erklärt: »Na ja, hier ist es nicht wie beim Friseur. Es reicht nicht, den Kopf hinzuhalten. Hier muss man mitdenken, mitmachen. Ich find das hier oft sehr anstrengend und herausfordernd.«

Die Munterrichtsmethoden fordern die Lernenden heraus. Alle, die an einem Kurs teilnehmen, in dem mit den Munterrichtsmethoden gearbeitet wird, merken schnell, dass sie nicht in einem Vortrag gelandet sind, bei dem man sich gemütlich einrichten kann. Nur zuhören oder träumen reicht hier nicht. Und manche Methoden bringen die Teilnehmenden durchaus auch an ihre Grenzen. Da kann es schon mal anstrengend, mühsam, unbequem werden. Natürlich geht es nicht grundsätzlich darum, die Lernenden zu überfordern. Das würde die meisten blockieren und wäre fürs Lernen kontraproduktiv. Aber es ist durchaus gewollt, dass manche Etappen im Lernprozess auch mit Anstrengung

verbunden sind. Die Lernforschung spricht gerne von »dosierter Diskrepanz«: Eine gelegentliche Überforderung ist demnach lernförderlich, ein positiver Erregungszustand ist hilfreich. Bei anspruchsvollen Aufgaben können sich die Lernenden erproben, bewähren und beweisen. Und viel neue Lernmotivation schöpfen, wenn sie die Aufgabe dann doch noch gelöst haben. Die Bewältigung schwieriger Aufgaben ermöglicht den Lernenden Kompetenzerleben – eine der ganz großen Motivationsquellen.

Mit diesem Wissen gelingt es mir inzwischen, im Seminar auch Situationen auszuhalten, in denen Teilnehmende über Anstrengung und einen hohen Schwierigkeitsgrad bestimmter Aufgaben klagen. Denn wenn ich ihnen das Lernen ermöglichen will, dann muss ich bisweilen auch für Herausforderungen sorgen.

Prinzip 4: Gemeinsam lernen

Irgendein Kurs, irgendein Thema. Die Dozentin erklärt fachliche Zusammenhänge. Es ist ganz still im Raum. Da die Lehrende mit vielen Beispielen arbeitet, die Inhalte anschaulich und mitreißend

erklärt, hängen ihr die Teilnehmenden an den Lippen. Zuhören kann ein prima Lernweg sein. Und doch wird das Lernen zunehmend saft- und kraftloser, wenn die Dozentin lange oder sogar ausschließlich so unterrichtet. Warum? Weil das, was in den Köpfen der Lernenden vor sich geht, im Verborgenen bleibt. Für die Dozentin und für alle Teilnehmenden im Raum. Weil niemand von persönlichen Erfahrungen berichtet und keiner darauf reagiert. Weil niemand kritische Fragen stellt und keiner sich daran reibt oder auch heftig beipflichtet. Weil nur die Dozentin ihre Sichtweise schildert – die anderen bleiben stumm. Wirklich ein »armes« Lernen, finde ich!

Mit den Munterrichtsmethoden sorgen Sie für ein anderes, für ein »reiches« Lernen: Die Methoden helfen, alle Teilnehmenden zu beteiligen und damit auch die Lebenserfahrungen und Kompetenzen jedes und jeder Einzelnen anzuzapfen. Die Munterrichtsmethoden lösen einen gemeinsamen Lernprozess der ganzen Gruppe aus: durch Austausch mit den Sitznachbarn, durch Arbeiten in Kleingruppen, durch Diskussionen im Plenum. Auf vielfältige Weise geben sie den Lernenden Gelegenheit, ihre Gedanken, Fragen, Ideen zu äußern und nicht nur von der Dozentin oder dem Dozenten, sondern auch voneinander zu lernen. Dies ist speziell in der Erwachsenenbildung ein ganz kostbarer Schatz, der auch heutzutage noch allzu oft ungehoben bleibt.

Prinzip 5: Es macht Spaß, so zu lernen

Wenn ich dieses fünfte Prinzip zu Beginn von Methodenkursen vorstelle, erlebe ich oft skeptische Zurückhaltung. »Es munter zu machen, wird bei unseren Themen wohl eher schwierig sein, Herr Groß!«

Im Laufe der Jahre machte ich mir so meine Gedanken, woher diese Reaktion stammen könnte. Meine These: Tief in vielen von uns schlummert – kulturell ererbt – ein Bild von 2 starken Gegenpolen: Auf der einen Seite sehen wir Ernsthaftigkeit und Leistungserbringung scheinbar untrennbar verbunden – das sind »die Guten«! –, auf der anderen Seite Spaß, Freude und Müßiggang – »die nicht so Guten«! Dazwischen eine große Leere! Und keine Verbindung in Sicht.

Beim Lernen mit den Munterrichtsmethoden soll weder nur das eine noch nur das andere passieren: Es sollen beide Pole zusammenkommen. Wir lernen

Munterrichtsprinzipien

etwas, wir leisten etwas. Aber nicht irgendwie, sondern weit überwiegend mit Freude und Spaß! Eine Illusion? Dass es möglich ist, habe ich in den vergangenen Jahren hundertfach erlebt. Ganz deutlich wird das oft am Ende eines munteren und lehrreichen Lerntages, wenn Teilnehmende sich wundern: »Was, schon 5 Uhr? Die Zeit verging wie im Flug. Schade. Ich könnte noch lange so weiter lernen.«

Jetzt kommt die spannende Frage: Wie gelingt es aber, bei Themen wie »Einführung in das Rentenversicherungsrecht« oder »Grundlagen im Maschinenbau« für Spaß beim Lernprozess zu sorgen?

Die folgende Munterrichtsmethodensammlung ist eine Antwort auf diese Frage.

Ganz wichtig dennoch: Nicht allen Lernenden werden alle Methoden gleichermaßen Spaß bereiten. Bisweilen werden Sie schon bei den ersten Anleitungssätzen beobachten können, wie unterschiedlich die Reaktionen ausfallen. Die Einen strahlen vorfreudig, während Einzelnen auch schon mal regelrecht die Gesichtszüge entgleiten können. Es muss und kann nicht allen alles gefallen. Wenn wir aber im Seminarverlauf mit unterschiedlichen Methoden arbeiten, können wir gelassen bleiben. Denn durch den Wechsel steigt die Chance, dass im Seminarverlauf alle auf ihre Kosten kommen.

Munterrichtsprinzipien

Prinzip 6:
Die Methoden sind einfach

Vor einigen Jahren war ich als Referent zu einer Didaktiktagung in die Technische Universität München (TUM) eingeladen, um eine Auswahl der Munterrichtsmethoden vorzustellen. Schon am Vorabend bereitete ich im Saal alles vor. Dort begegnete mir Ralf Besser aus Bremen. Ein fröhlicher Kollege, den ich immer wieder auf Kongressen treffe. In München kam er auf mich zu, sah mir in die Augen und sagte: »Harald, dass sie dich immer wieder einladen, ist eigentlich auch ein Wunder!« Irritiert und etwas verschreckt wich ich zurück. Ralf Besser ergänzte: »Denn was du mit den Leuten machst, ist so einfach!« Und da hat er ganz recht: Die Munterrichtsmethoden sind ganz einfach:

- Die meisten Munterrichtsmethoden brauchen **wenig Zeit**. Manche nur 3 oder 5 Minuten.
- Die meisten Methoden kommen mit **wenigem und einfachem Material** aus. Meist Dinge, die ohnehin im Seminarraum vorhanden sind.
- Die Methoden lassen sich **leicht erklären**. Die Mehrzahl besteht nur aus einigen Arbeitsschritten.
- Die Methoden lassen sich unkompliziert auf **viele Themen, Formate und Zielgruppen** anwenden.

Freuen Sie sich also auf ganz einfache Wege, mit denen Sie bei den Teilnehmenden das Lernen – und Lachen – auslösen können!

6 Prinzipien haben Sie auf den zurückliegenden Seiten kennen gelernt. Hier noch einmal alle auf einen Blick:

Die 6 Prinzipien

1. Jede Methode verfolgt konkrete Lernziele
2. Die Lernenden sind aktiv
3. Die Methoden fordern heraus
4. Gemeinsam lernen
5. Es macht Spaß, so zu lernen
6. Die Methoden sind einfach

Jetzt geht's los mit den Munterrichtsmethoden. Vielleicht halten Sie beim Lesen immer wieder mal inne und fragen sich, welche der Prinzipien Ihnen bei den einzelnen Methoden begegnen.

Munterrichtsmethoden

Munterrichtsmethoden

Auf den folgenden Seiten erwarten Sie in bunter Reihenfolge die 22 Munterrichtsmethoden. Bevor es mit Methode 1 – **Begriffs-Paten** – losgeht, hier ein paar Hinweise.

Die Methode auf einen Blick:

Zu Beginn jeder Methodenbeschreibung finden Sie in einer Übersicht die wichtigsten Informationen zur Methode: eine Kurzbeschreibung, Angaben zu Ziel, Material, Dauer und nötiger Vorbereitung bieten Ihnen einen schnellen Überblick. Und sie erleichtern Ihnen die Suche nach der richtigen Methode für eine ganz konkrete Situation. Zusätzlich zu den Basisfakten finden Sie hier auch kurze Hinweise zum Charakter jeder Methode. Methode 4, **Volltreffersuche**, ist beispielsweise »lebendig«, »kommunikativ«, »tiefsinnig«.

Die Methode unter der Lupe:

Der Übersicht folgt eine ausführliche Beschreibung der Methode. Hier finden Sie Antworten zu folgenden Fragen:

1. Wie funktioniert die Methode genau?
2. Wie erkläre ich der Gruppe die Methode?
3. Wann kann ich die Methode einsetzen, wann eher nicht?
4. Worauf kommt es besonders an? Welches sind die Erfolgsfaktoren?
5. Welche Varianten haben sich bewährt?

Sollten dennoch Fragen unbeantwortet bleiben, dann senden Sie mir einfach eine Mail: **h.gross@orbium.de**

Die Methode in der Praxis:

»Funktioniert das wirklich? Wenn ja, wie sieht es ganz konkret aus?« Das sind die entscheidenden Fragen an eine gute Methodensammlung. Deshalb stelle ich Ihnen die Munterrichtsmethoden mit vielen ganz realen Beispielen aus dem Seminaralltag vor. Methode für Methode, von Variante zu Variante nimmt das Buch Sie in die Seminarwelt mit. Also seien Sie nicht überrascht, wenn Sie sich plötzlich in einem Ernährungslehreseminar mit den Essgewohnheiten von Ovo-Lacto-

Vegetariern befassen oder Ihr Know-how in Sachen Arbeitsrecht auffrischen ... Ich entführe Sie in ganz verschiedene Lernformate: Zu Kursen im Unternehmen, zu Veranstaltungen und Vorlesungen an Hochschulen und zu Seminaren an Akademien. Immer wieder nehme ich Sie in meine eigenen Methoden- und Didaktikkurse mit. So erfahren Sie, wie ich selbst die Lehrwege in der Praxis nutze. Freuen Sie sich auf vielfältige Seminarpraxis!

Die Methode zum Testen:

Nicht nur die Lernenden in den Beispielen werden in diesem Buch aktiv. Auch Ihr Einsatz wird an mehreren Stellen gefordert. »Sie sind experimentierfreudig? Haben Sie Lust, die Methode selbst auszuprobieren?« Mit solchen Angeboten müssen Sie auf den folgenden Seiten hier und da rechnen. Dann haben Sie die Chance, eine Methode gleich selbst zu testen und so – aus der Perspektive eines angeleiteten Lernenden – wertvolle Erkenntnisse zu gewinnen. »Komme ich mit der Aufgabenstellung klar?«, »Sehe ich den Sinn der Übung?«, »Behagt mir die Methode?«, »Wie lange brauche ich dafür?«

Am besten, Sie holen sich gleich jetzt einen Stift und ein paar Blatt Papier.

Sind Sie bereit? Dann geht's jetzt los. Viel Spaß mit den Munterrichtsmethoden!

1 Begriffs-Paten

eigenverantwortlich • langlebig • arbeitsteilig

Ziel:

Erstes Herantasten an den Lernstoff.

Kurz beschrieben:

Die Lernenden wählen aus einer vorbereiteten Sammlung zum neuen Themengebiet einen Begriff aus, für den sie die Patenschaft übernehmen. Sie bekommen die Aufgabe mit, sich über diesen Begriff zu informieren, sich mit ihm vertraut zu machen. Später erzählen sie den anderen Teilnehmenden von den Inhalten, die hinter ihrem Begriff stehen – 2 oder 3 Minuten lang.

Material:

Sammlung von Begriffen, je nach Zielgruppe: mehr oder weniger Hinweise auf Informationsquellen und Fundstellen.

Dauer:

Erklärung: 3 Minuten

Erarbeitung (im Kurs oder zu Hause): 5 bis 30 Minuten, je nach Umfang und Unterstützung

Präsentation: 2 bis 3 Minuten pro Begriff

Vorbereitung:

Begriffe auswählen, Aufgabe gut durchdenken.

Ein Seminar für angehende Ingenieurinnen und Ingenieure an der Universität Bochum. Die Dozentin begrüßt die Studierenden zu Beginn des Wintersemesters:

»Herzlich willkommen in unserem Kurs ›Einführung in die Werkstoffkunde‹. Ich freue mich auf das vor uns liegende Seminar mit Ihnen. Ich sehe, dass die meisten von Ihnen das empfohlene Fachbuch bereitliegen haben. Wenn Sie den Band in die Hand nehmen, spüren Sie: Das Ding hat Gewicht! Sicher haben Sie schon reingeschaut und gesehen: Das sind viele dicht bedruckte Seiten mit sehr viel Information. Lassen Sie sich nicht erschlagen davon! Ganz hinten im Stichwortverzeichnis finden Sie unzählige noch fremde Begriffe. Viele davon werden Sie im Kursverlauf kennen lernen. Ein gutes Stück Arbeit liegt also vor uns. Bevor wir damit beginnen, habe ich zunächst eine eigenartige Frage an Sie: Gibt es in diesem Raum jemanden, der oder die ein Patenkind hat? Gibt es unter uns einen Patenonkel, eine Patentante? So ein Patenamt ist schön. Als Pate oder Patin kann man ein Kind begleiten, es aufwachsen und groß werden sehen. Das Schöne an unserem Kurs hier: Sie dürfen alle Patenonkel und Patentanten werden – bei uns natürlich nur für begrenzte Zeit. Und noch schöner: Sie dürfen sich Ihr Patenkind selbst aussuchen. Sie sind schon alle da – ich zeige Sie Ihnen gleich.«

Auf der Rückseite einer Pinnwand hat die Dozentin Karten mit Begriffen zum

1 Begriffs-Paten eigenverantwortlich • langlebig • arbeitsteilig

Kursthema angepinnt. Es sind nicht die ganz großen Überschriften und Kapitel. Es sind kleine, einzelne Begriffe, um die es im Kursverlauf auch gehen wird. Von solchen Begriffen, Fachausdrücken und Besonderheiten wimmelt es in vielen Lerngebieten. Für die lernenden Novizen im Thema gilt es, mit ihnen vertraut zu werden. Und genau das unterstützt die Methode **Begriffs-Paten**.

Finden Sie also für diese Sammlung an der Pinnwand Einzelbegriffe aus Ihrem Seminarthema. Für alle Teilnehmenden einen Begriff und darüber hinaus noch 3 bis 5 zusätzliche. So, dass die Lernenden später eine Auswahl haben – auch die letzten im Wahlprozess …

Im Kurs »Einführung in die Werkstoffkunde« könnten es zum Beispiel diese Begriffe sein:

- Scherfestigkeit
- Biegefestigkeit
- Kraft-Verlängerungs-Diagramm
- Hooke'sches Gesetz
- Mohs-Härteskala
- Viskosität
- Gewürzmetalle
- Mischungslücke
- Liquiduslinie

Bevor die Dozentin den Teilnehmenden die Karten zeigt, erklärt sie:

»Ich drehe die Pinnwand gleich um und zeige Ihnen die Patenkinder. Sehen Sie sich alle an und schauen Sie, ob Sie auf

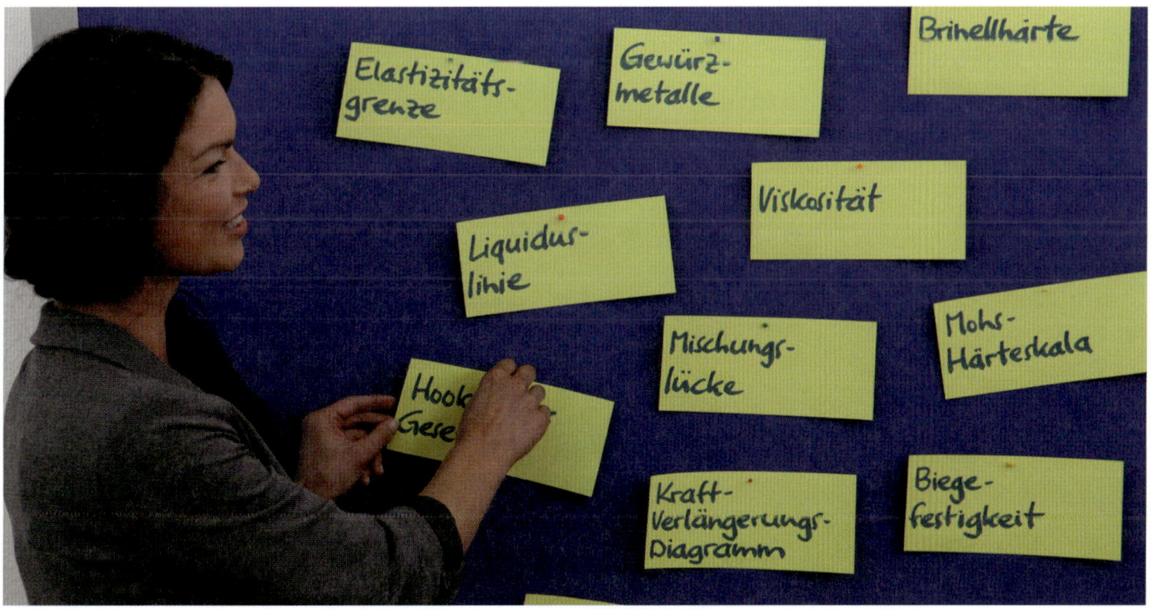

1 Begriffs-Paten eigenverantwortlich • langlebig • arbeitsteilig

Anhieb eines besonders anspricht. Bei der Auswahl können Sie ganz unterschiedliche Strategien einschlagen: Sie können sicherheitsorientiert vorgehen und etwas Vertrautes auswählen. Sie können aber auch risikobereit sein: Schnappen Sie sich etwas Fremdes, Unbekanntes. Ganz nach dem Motto: ›No risk, no fun!‹ Sie entscheiden, was für Sie gerade am besten passt. Wichtig ist, dass Sie auf alle Fälle eines der Patenkinder ergattern. Sind Sie bereit?«

Jetzt dreht die Dozentin die Pinnwand um. In manchen Gruppen geht es nun ganz schnell. Die ersten Teilnehmenden springen auf, spurten nach vorn und schnappen sich eine Karte. Da kommt rasch Tempo ins Spiel. Manchmal entsteht sogar ein kleines Gerangel um bestimmte Begriffe. Ich finde das immer super: Die Lernenden kämpfen um Fachbegriffe! In anderen Gruppen läuft es ruhiger an. Die Teilnehmenden blicken auf die Karten und warten ab. Da ist es gut, wenn Sie sie ein weiteres Mal ermuntern:

»Schauen Sie sich die Karten in Ruhe an. Wenn Sie Ihre Wahl getroffen haben, holen Sie Ihren Begriff.«

Auch zurückhaltende Lernende kommen bald in Bewegung. Sie brauchen nur ein wenig mehr Zeit.

Wenn sich alle versorgt haben, nennen die Teilnehmenden reihum ihre Begriffe. So kommen die Begriffe schon zum ersten Mal ins Ohr – von den Lernenden selbst gesprochen. Jetzt kann die Kursleiterin gut erklären, was es mit den Karten auf sich hat:

1 Begriffs-Paten

eigenverantwortlich • langlebig • arbeitsteilig

»In Ihrer Hand halten Sie eine Karte, für die Sie in unserem Kurs die Patenschaft übernehmen. Es geht ganz einfach. Ich bitte Sie, sich in den nächsten Tagen mit dem Begriff auf Ihrer Karte ein wenig vertraut zu machen. Das wird Ihnen leichtfallen. Ich habe für Sie hier ein paar Quellen vorbereitet, in denen Sie schnell fündig werden. Investieren Sie höchstens eine halbe Stunde. Meistens braucht man nur ein paar Minuten.«

Wie viel Unterstützung Sie für die Teilnehmenden vorbereiten, hängt ganz von der jeweiligen Zielgruppe ab. Für Gruppen, die im Lesen und Recherchieren eher ungeübt sind, können Sie Kopien mit einem kurzen Text zu jedem Begriff vorbereiten und diese auf einem Literaturtisch auslegen. So können die jeweiligen Patinnen und Paten zu ihrem Begriff mit wenig Mühe gute Informationen finden. Lernende, die mit Literatur- und Internetrecherchen vertraut sind, können Sie hingegen mit ihrem Begriff ganz auf eigene Faust losziehen lassen. Für sie ist die anstehende Aufgabe eine leichte Übung.

»Im Laufe unseres Kurses bitte ich Sie, uns als Pate oder Patin von Ihrem Begriff zu erzählen. So, dass auch wir mit dem Inhalt vertraut werden. Dazu müssen Sie gar nicht nach vorne kommen und aufwändig präsentieren. Das machen Patentanten und Patenonkel ja auch nicht. Die erzählen eher am Küchentisch von ihren Patenkindern. So machen wir es auch. Sie berichten uns einfach von Ihrem Platz aus, was Sie zu Ihrem Begriff herausgefunden haben. Es muss gar nicht lange dauern. Nicht länger als zwei oder drei Minuten. Wann genau Sie als Pate, als Patin gefragt sind, sehen Sie, wenn Sie Ihre Begriffskarte umdrehen. Rechts unten finden Sie einen unserer Kurstermine. Hier werden Sie als Pate oder Patin aktiv.«

1 Begriffs-Paten eigenverantwortlich • langlebig • arbeitsteilig

Die Form, die Begriffe auf verschiedene Kurstermine zu verteilen, eignet sich gut, wenn Sie – wie hier im Beispiel – mit den Lernenden über mehrere Wochen arbeiten. In Hochschulkursen über ein ganzes Semester oder in einer Kursreihe mache ich sehr gute Erfahrungen damit. Veranstaltung für Veranstaltung kommen – je nach Gruppengröße – 1, 2 oder 3 Teilnehmende zu Wort und stellen ihre Begriffe vor. Früher habe ich als Lehrender selbst all die Begriffe erklärt und eingeführt. Und wer hat dabei am meisten gelernt? Ich als Dozent natürlich. Denn erklären ist ein super Lernweg!

Jetzt machen das die Teilnehmenden. Die Einzelnen setzen sich aktiv mit »ihrem« Begriff auseinander und schlüpfen für ihren Begriff in die Rolle des Lehrenden für uns alle. So wird schon in der ersten Kursstunde das zweite Munterrichtsprinzip klar: »Hier arbeitet nicht nur der oder die da vorn, hier sind wir alle aktiv gefragt!« Häufig beobachte ich mit Freude, dass sich regelrechte Personifizierungen bezogen auf die Begriffe entwickeln. Sobald ein bestimmter Fachbegriff fällt, geht zumindest ein Kopf hoch: »Viskosität - das ist mein Begriff!«

Doch auch in anderen Seminarformaten können Sie mit **Begriffs-Paten** arbeiten. Bei einem zweitägigen Kurs zum Beispiel können Sie die Begriffe am ersten Tag gleich morgens verteilen. Nach der Mittagspause geben Sie den Lernenden Zeit zur Erarbeitung. Und über den Nachmittag und den zweiten Lerntag verteilt kommen dann die Patinnen und Paten zum Zug.

Wichtig bei allen Formaten: Verteilen Sie nicht zu viele Patenschaften in einem Kurs! Zum einen gilt es gut zu überlegen, ob die Zeit für alle Begriffsvorstellungen ausreichen wird. Für die Lernenden ist es sehr frustrierend, im Laufe des

Kurses zu erfahren, dass aus Zeitgründen ihr Beitrag nicht mehr gehört werden kann. Zum anderen wird die Stimmung alles andere als munter, wenn der 17. Mensch seinen Begriff vorstellen will! Bewährt hat es sich, bei größeren Gruppen Patenteams zu bilden. So bearbeiten jeweils 2 Lernende gemeinsam einen Begriff. Oder nur ein Teil der Kursgruppe – beispielsweise diejenigen, die an der Fensterseite sitzen – bekommt ein Patenamt. Die anderen erhalten eine andere Aufgabe.

Ich mache gute Erfahrungen damit, es den Lernenden mit dieser Aufgabe so einfach wie möglich zu machen. Es soll eben kein mühsames Referat werden. Es soll ganz leicht fallen. Voraussetzung dafür ist, dass Sie kleine Begriffe auswählen, keine großen, komplexen Themen. Achten Sie darauf, dass die Lernenden sich die Begriffe selbst erschließen können, dass sie nicht erst 2, 3 Seminarteile ausharren müssen, um den Begriff überhaupt knacken zu können.

Bei der Anleitung weise ich auch mehrmals darauf hin, dass die Lernenden keine fertigen, fehlerfreien Ausarbeitungen liefern müssen. Das wäre ein anderer Lernschritt. Hier geht es darum, sich den Begriffen anzunähern, sich mit ihnen vertraut zu machen. 2 bis 3 Minuten Erzählzeit reichen vollkommen aus. Und manche erklären ihren Begriff auch in 90 Sekunden. Prima! Oft können sich die Teilnehmenden die Begriffe gegenseitig viel besser erklären, als ich selbst es könnte. Sie nähern sich den Inhalten mit ihrer Sprache, ihrem Hintergrund.

Begriffs-Paten ist eine meiner Lieblingsmethoden geworden. Ich selbst habe die Methode am 4. Oktober 1994 kennen gelernt. Das ist lange her – und dennoch erinnere ich mich ganz genau an diesen Tag. Es war der Beginn meines Studiums an der Universität Bamberg. Äußerst angespannt fuhr ich mit dem Rad zur Hochschule. Ich war nervös und dachte: »Da sagst du nie ein Wort!« Gleich im ersten Kurs – »Einführung in die Soziologie« – brachte unsere Dozentin Frau Rosenkranz Begriffe mit. Ich hatte »Freizeitsoziologie«, meine Nachbarin Anja »Militärsoziologie«. Nun hatte ich einige Tage Zeit, mich mit meinem Begriff auseinanderzusetzen. Gut vorbereitet folgte in der nächsten Woche mein erster »Auftritt« an der Uni. Eine prima Methode also, um auch zunächst zurückhaltende Lernende ins Boot zu holen. Danke, Frau Rosenkranz.

2 Flammende Reden

pointiert • flott • brenzlig

Ziel:

In sehr kurzer Zeit Statements abgeben: zu einer Schlüsselfrage, zum Lernfortschritt oder eine Rückmeldung zum Kurs insgesamt.

Kurz beschrieben:

Alle Teilnehmenden haben die Aufgabe, zu einer Frage Stellung zu beziehen. Zum Beispiel: »Gab es an dem heutigen Seminartag für Sie eine wichtige Erkenntnis?« Alle Lernenden erhalten ein Streichholz. Wer an der Reihe ist, entzündet das Streichholz. Solange es brennt, kann er oder sie sprechen. Streichholz für Streichholz, bis alle dran waren.

Material:

Streichhölzer, ein Gefäß für die abgebrannten Streichhölzer, eine Flasche Leitungswasser.

Dauer:

Maximal eine Streichholzlänge pro Teilnehmer

Vorbereitung:

Eine gute Frage formulieren, evtl. vorhandene Rauchmelder im Seminarraum ausfindig machen (ggf. kann die Methode nicht eingesetzt werden!)

Eine Gruppe Sozialarbeiterinnen und Sozialarbeiter lernt im Kurs »Psychiatrische Krankheitsbilder in der Praxis« verschiedene Krankheitsbilder kennen. Es ist der zweite Seminartag. Nur noch wenige Minuten bis zur Mittagspause. Im Speisesaal steht die Suppe bereit. Der Trainer kennt Haus und Koch. Der kocht gut, hat aber auch klare Erwartungen an seine Gäste. Pünktlichkeit bei den Essenszeiten ist ihm wichtig …

Diesem Anspruch will der Trainer gerne nachkommen. Aber gleichzeitig möchte er die Lerneinheit auch abschließen und abrunden. Er will von allen Teilnehmenden vor der Mittagspause erfahren, was sie nach dem Vormittagsprogramm bewegt, welche Fragen offen geblieben sind. Beide Wünsche zu erfüllen, das wird in den verbleibenden 4 Minuten schwierig. Auch mit der beherzten Bitte um sehr kurze Statements würde er manche der gerne und viel sprechenden Teilnehmenden nicht zu knappen Aussagen bewegen können. Die Leute dann abzuwürgen, immer wieder drängelnd an die Zeit zu erinnern, wäre für alle unangenehm.

Mit einer Flammenden Rede löst der Trainer elegant das Dilemma und erklärt: »In wenigen Minuten gibt es das verdiente Mittagessen. Davor bitte ich Sie, noch einmal auf die Krankheitsbilder zu blicken, die wir heute Vormittag erarbeitet haben. Bitte benennen Sie ganz kurz, was für Sie heute wichtig war, was Sie im Moment beschäftigt. Damit bis zum

2 Flammende Reden

pointiert • flott • brenzlig

Essen alle zu Wort kommen, machen wir es so: Wer an der Reihe ist, erhält die Streichholzschachtel. Bevor Sie mit Ihrem Kurzbeitrag beginnen, entzünden Sie das Streichholz. Ihre Redezeit dauert so lange, wie das Streichholz in Ihren Händen brennt. Danach übergeben Sie die Streichholzschachtel an die Person, die weitermachen möchte. Wer als Erstes beginnen will, bekommt jetzt gleich die Streichhölzer – und das Wort.«

Die Teilnehmenden reagieren oft überrascht und ein wenig irritiert, bis sich dann die erste Person traut. Herr Nielson nimmt die Schachtel und entzündet lächelnd ein Streichholz: »Mich beschäftigt, was wir über Depressionen gehört haben. Ich wusste natürlich von der Antriebsarmut. Vor allem durch das Fallbeispiel werde ich aber mit unseren depressiven Patienten künftig rücksichtsvoller umgehen. Ganz ehrlich: Ich dachte manchmal, die simulieren. Da bin ich jetzt vorsichtiger.«

Das Streichholz ist abgebrannt. Der oder die Nächste übernimmt. Das geht zügig – und die wichtigsten Aussagen werden flott benannt. Ohne dass Sie drängeln müssen. Und: Das Spiel mit dem Feuer verleiht der Auswertungsrunde manchmal sogar eine ganz feierliche Atmosphäre.

Ab und zu kommt es vor, dass Lernende Respekt oder sogar Angst vor dem brennenden Streichholz haben. Die lasse ich dann meistens ohne Flamme berichten. Aber Achtung: Manche Vielredner gaukeln ihre Feuerangst nur vor und holen dann weit aus!

Zum Schluss noch ein ganz wichtiger Hinweis. Mancher Brandschutzbeauftragte in Unternehmen und Hotels hat wegen der Flammenden Rede schon schwer gelitten. Prüfen Sie also unbedingt vorab, ob Ihnen ein Feuermelder dazwischenfunken könnte …

Ich halte zudem immer eine leere Tasse oder ein Glas für die abgebrannten Streichhölzer bereit, um Teppich- und Holzböden zu schützen. Und hinter der Pinnwand steht für den Notfall eine Flasche Wasser.

3 BMW

bequem • mutig • waghalsig

Ziel:

Die Lernenden wählen für sich ein bestimmtes Ausmaß an Herausforderung und lösen eine entsprechende Übungsaufgabe in Eigenregie.

Kurz beschrieben:

Die Teilnehmenden erhalten ein Angebot von 3 verschiedenen Übungsaufgaben. Sie können hinsichtlich des Schwierigkeitsgrades aus 3 Kategorien wählen: eine Aufgabe für **B**equeme, für **M**utige oder **W**aghalsige. Wenn sie ihre Aufgabe gelöst haben, können sie ihre Lösung mit der Musterlösung auf einem Kontrollbogen vergleichen.

Material:

Ausgedruckte Aufgabenbögen und Musterlösungen, Umschläge für die Aufgaben, evtl. Schokolade.

Dauer:

Erklärung: 3 Minuten
Partner- und Aufgabenwahl: 3 bis 5 Minuten
Bearbeitung der Aufgaben: Je nach Aufgabe zwischen 10 und 90 Minuten

Vorbereitung:

Aufgabenstellungen und Musterlösungen in den verschiedenen Schwierigkeitsgraden erstellen, Aufgaben und Lösungsbögen vervielfältigen, die Aufgaben einzeln in Umschläge stecken.

Einen Tag lang hat Herr Sigel eine Gruppe von Berufsschülerinnen und Berufsschülern schon mit verschiedenen Anwendungen von Microsoft Outlook vertraut gemacht. Gestern haben die Lernenden das Mailsystem und die Adressverwaltung erarbeitet. Heute Morgen ging es um die Möglichkeiten, das Postfach mit Hilfe von Ordnern und Regeln effizient zu verwalten. Ziel des Kurses ist, die Schülerinnen und Schüler nicht nur in die Möglichkeiten des Programms einzuführen. Sie sollen mehr und mehr auch Sicherheit im praktischen Umgang mit dem Programm bekommen. Üben, Experimentieren und Anwenden sind also gefragt. Die Herausforderung dabei: Die Teilnehmenden kamen mit sehr unterschiedlichen EDV-Kenntnissen und Fähigkeiten zum Kurs. Für alle jeweils passende Trainingsaufgaben zu finden, scheint daher fast unmöglich zu sein. Herr Sigel begegnet dieser Herausforderung mit der **BMW-Methode**. Er erklärt:

»Die wichtigsten Funktionen in Outlook haben Sie jetzt kennen gelernt. Nun ist ein wenig Übung nötig. Ich habe Ihnen 3 verschiedene Aufgaben mitgebracht. In diesem Umschlag hier finden Sie eine Aufgabe für Bequeme.«

3 BMW bequem • mutig • waghalsig

Während Herr Sigel einen DIN-A4-Umschlag mit der großen Aufschrift »Für Bequeme« hochhält, grinsen die Teilnehmenden: »Mal eine bequeme Aufgabe, das klingt doch gut!«, denken viele. Herr Sigel fährt fort:

»Wenn Sie diese Aufgabe wählen, können Sie sich einer Sache ganz gewiss sein: Es wird Ihnen gut gelingen, die Aufgabe zu lösen. Wer sich für diesen Umschlag entscheidet, kann also tief durchatmen und sich entspannt an die Arbeit machen. Ich bin sicher, dass Sie mit Ihrem Know-how und dem, was Sie hier heute gelernt haben, sehr gut zum Ziel kommen werden.«

Herr Sigel legt den Umschlag zur Seite und hält einen zweiten hoch. Dieser hat die Aufschrift »Für Mutige«.

»Sie können sich auch für diese Aufgabe entscheiden. Eine Aufgabe für Mutige. Da ist schon etwas Mumm gefordert, hier werden Sie sich ins Zeug legen müssen, um die Nuss zu knacken. Wer also Lust auf eine kleine Mutprobe hat, greift hier zu.«

Herr Sigel legt auch diesen Umschlag zur Seite und greift einen dritten.

»Und jetzt, liebe Leute, kommt noch eine Möglichkeit, bei der ich Ihnen allerdings nur zur Vorsicht raten kann.«

Er hält den Umschlag »Für Waghalsige« hoch.

»Hier steckt eine Aufgabe drin, bei der Sie sich ordentlich die Zähne ausbeißen können. Das kann Sie um Kopf und Kragen bringen. Ich empfehle Ihnen nicht, hier zuzugreifen. Natürlich entscheiden Sie selbst. Aber sagen Sie nachher nicht, ich hätte Sie nicht gewarnt!«

Jetzt kommt Unruhe hinter den Bildschirmen auf. »Welche Aufgabe soll ich wählen?«, überlegen die Teilnehmenden und beginnen mit ihren Nachbarinnen und Nachbarn zu plaudern. Herr Sigel unterbricht sie noch einmal:

»Am besten, Sie suchen jetzt in der Gruppe eine Person, mit der Sie sich dann für eine der Aufgaben entscheiden. Kommen Sie ins Gespräch und schauen Sie, wer Ihre Präferenz teilt. Wenn Sie einen Partner oder eine Partnerin gefunden haben und sich gemeinsam für eine der Aufgaben entschieden haben, holen

Sie sich hier den Umschlag Ihrer Wahl. Finden Sie für sich einen gemeinsamen Arbeitsplatz. Alles Weitere steht dann in Ihrem Aufgabenumschlag. Ich wünsche Ihnen gutes Gelingen!«

Je nach Arbeitsfähigkeit der Gruppe dauert dieser Findungsprozess nun unterschiedlich lange. Herr Sigel hat von jedem Aufgabentyp ausreichend Umschläge vorbereitet. Denn wie auch immer die Lernenden sich entscheiden – es soll ja keinen Engpass geben.

Angenommen, Sie wären im Kurs? Für welche Aufgabe würden Sie sich entscheiden?

- Aufgabe für Bequeme?
- Aufgabe für Mutige?
- Aufgabe für Waghalsige?

Joana und Jannek werden zusammenarbeiten. Sie konnten sich rasch auf die Aufgabe für Bequeme verständigen. Für Joana sind die Outlook-Anwendungen völlig neu. Eine einfache Aufgabe kommt ihr sehr entgegen. Und Jannek hat gestern lange gefeiert. Bequemlichkeit ist ihm also heute sehr willkommen …

Die beiden öffnen ihren Umschlag. Sie finden darin ein Arbeitsblatt und zu ihrer Freude auch 2 Stücke Schokolade. Auf dem Arbeitsblatt lesen Sie:

Aufgabe für Bequeme

Schön, dass Sie sich für diese Aufgabe entschieden haben. Die Bearbeitung wird Ihnen gut gelingen. Wenn Sie Fragen haben, dann sprechen Sie mich gerne an. Sie haben 30 Minuten Zeit.

Hier kommt Ihr Auftrag:

Sie haben 25 neue Mails bekommen. Räumen Sie Ihr Postfach auf. Legen Sie Ordner auf Postfachebene an: für Kunden, Lieferanten, Ausbildung, Berufsschule und Krankenkasse. Der Ordner »Kunden« bekommt 3 Unterordner: »Kunde x«, »Kunde y«, »Kunde z«, die 3 wichtigsten Kunden Ihres Unternehmens. Der Ordner »Lieferanten« hat 2 Unterordner, »Lieferant A« und »Lieferant B«. Verschieben Sie die 25 Mails aus Ihrem Posteingang in die richtigen Unterordner.

Wenn Sie die Aufgabe bearbeitet haben, können Sie bei mir einen Bogen mit einer möglichen Lösung holen und Ihre Ergebnisse vergleichen.

Viel Spaß mit Ihrer genussvollen Aufgabe!

3 BMW — bequem • mutig • waghalsig

Auch Sara und Lukas bilden ein Team. Sie haben sich einen Umschlag für Mutige geholt. Mit der mittleren Version liegt man nie schlecht, haben sich die beiden überlegt.

Aufgabe für Mutige

Schön, dass Sie sich für diese Aufgabe entschieden haben. Mit etwas Biss werden Sie das hinkriegen. Wenn Sie Fragen haben, dann sprechen Sie mich gerne an. Sie haben 30 Minuten Zeit.

Hier kommt Ihr Auftrag:

Sie haben 25 neue Mails bekommen. Räumen Sie Ihr Postfach auf. Legen Sie Ordner auf Postfachebene an: für Kunden, Lieferanten, Ausbildung, Berufsschule und Krankenkasse. Der Ordner »Kunden« bekommt 3 Unterordner: »Kunde x«, »Kunde y«, »Kunde z«, das sind die 3 wichtigsten Kunden Ihres Unternehmens. Der Ordner »Lieferanten« hat 2 Unterordner, »Lieferant A« und »Lieferant B«. Verschieben Sie die 25 Mails aus Ihrem Posteingang in die richtigen Unterordner.
Legen Sie Regeln an, die dafür sorgen, dass jede Mail vom besten der 3 wichtigsten Kunden und vom wichtigsten der beiden Lieferanten automatisch von Outlook in den richtigen Ordner verschoben wird. Das Gleiche gilt für Mails vom Ausbildungsleiter, der Ordner dafür heißt »Ausbildung«, diese bekommen zusätzlich die Kategoriefarbe Rot (erweiterte Regel).

Wenn Sie die Aufgabe bearbeitet haben, können Sie bei mir einen Bogen mit einer möglichen Lösung holen und Ihre Ergebnisse vergleichen.

Viel Spaß beim Knacken der mutigen Aufgabe!

Jonas, Maren und Jendrik arbeiten zu dritt. Die Anzahl im Kurs war ungerade. So entstand ein größeres Team. Für sie war sofort klar, dass sie die Aufgabe für Waghalsige nehmen würden. Ein nahezu unlösbares Problem, das klingt spannend.

Aufgabe für Waghalsige

Tja, liebe Outlook-Freundinnen und Freunde, Sie haben es so gewollt! Trotzdem schön, dass Sie sich für diese Aufgabe entschieden haben. Es wird nicht leicht für Sie! Wenn Sie Fragen haben, dann sprechen Sie mich gerne an. Auch Sie haben nur 30 Minuten Zeit.

Hier kommt Ihr Auftrag:

Richten Sie den Abwesenheitsassistenten ein. Diese Funktion haben wir im Kurs noch nicht besprochen. Alle Mails, die während Ihrer Urlaubszeit eingehen, sollen automatisch von Outlook durch eine Regel an Ihren Kollegen weitergeleitet werden. Um doppelte Mails von internen Nutzern zu vermeiden, sollen diese Regeln nur für Mails von externen Absendern gelten (es müssen also Ausnahmen definiert werden).

Wenn Sie die Aufgabe bearbeitet haben, können Sie bei mir einen Bogen mit einer möglichen Lösung holen und Ihre Ergebnisse vergleichen.

Viel Spaß beim Zähneausbeißen an der waghalsigen Aufgabe!

3 BMW bequem • mutig • waghalsig

Die Teilnehmenden machen sich an die Arbeit. Herr Sigel kann für ein paar Augenblicke durchatmen. Er wird die Teilnehmenden natürlich als Lernbegleiter unterstützen, sobald sie Hilfe brauchen. Den Hauptteil seiner Arbeit hat er jedoch bereits im Vorfeld getan – mit der Entwicklung und Formulierung der Aufgaben:

Die **bequemen Aufgaben** sollen leichtfallen, aber auch nicht unterfordern. Hier bieten sich, wie im Beispiel, kleinere Umsetzungsaufgaben an. Aufgaben, die im Kurs vielleicht schon ganz ähnlich vorgestellt wurden. Aufgaben, bei denen das Besprochene wiederholt, aufgefrischt und leicht abgewandelt wird. Oder ein Text mit ein paar Fragen dazu. Ganz wichtig dabei: Auch Lernende, die sich für die bequeme Variante entscheiden, verdienen die volle Wertschätzung. Es ist vollkommen in Ordnung, auch mal den einfachen Weg zu gehen. Oft sind die Bearbeiterinnen und Bearbeiter mit ihrer Aufgabe früher fertig als die anderen Gruppen mit den schwierigeren Herausforderungen. Zu ihrer großen Freude schicke ich sie dann in den Pausenraum, damit sie einen Kaffee oder Tee trinken können. Sie haben ihre Arbeit ja erfolgreich getan. Leute, die zuvor eher unmotiviert in den Seilen hingen, strahlen mich dann oft an. Nach 10, 15 Minuten kehren sie freudig aus ihrer unverhofften Pause zurück. Oft mit merklich mehr Schwung …

Die **Aufgaben für die Mutigen** können schon etwas anspruchsvoller sein. Hier eignen sich Übertragungsaufgaben, Herausforderungen zum Quer- und Weiterdenken. Die Aufgaben sollen ambitioniert, aber machbar sein.

Spannend wird es bei den **Aufgaben für Waghalsige**. Sie dürfen es wirklich in sich haben. Entwickeln Sie hier Aufgaben, bei denen die Lernenden möglichst sicher an ihre Grenzen kommen – oder vielleicht auch mal scheitern. Viele Lehrende portionieren die Aufgaben für die Lernenden immer so ausgewogen, dass möglichst alle gut zum Ziel kommen. Das ist prima, denn es ist für die allermeisten hochgradig motivierend, die eigenen Fortschritte und den Kompetenzzuwachs anhand von Erfolgen zu erleben. Aber: Es gibt auch immer wieder Lernende in unseren Kursen, für die Risiko, größere Spannung und ein wenig Gefahr viel motivierender wirken. Misserfolge demotivieren sie nicht – im Gegenteil: Ihre Motivation steigt, wenn andere abwinken oder sagen: »Das schaffst du nie!« Dann denken sie: »Jetzt erst recht, euch zeig ich's!« – und legen sich richtig ins Zeug. In einem Kurs bei einer großen deutschen Bundesbehörde hatte ich einmal verschiedene Aufgaben verteilt. Als zusätzliche Möglichkeit kündigte ich den Lernenden dies an:

»Es gibt noch eine weitere Variante. Dazu müssen Sie unseren vertrauten Raum hier verlassen. Gehen Sie auf den Flur. Mit etwas Glück und Spürsinn finden Sie die ›Kammer des Schreckens‹. Ich rate Ihnen dringend davon ab, diese Tür zu öffnen. Wenn Sie es doch tun, gibt es kein Zurück. Sie werden die Aufgabe lösen müssen …«

Was glauben Sie, wohin die Beamten eilten?

3 BMW

bequem • mutig • waghalsig

Gute Erfahrungen mache ich mit den Musterlösungsbögen. In den Aufgabentexten kündige ich an, dass die Teilnehmenden nach Abschluss ihrer Arbeit bei mir einen Musterlösungsbogen abholen können. Vorteil dieser Bögen: Die Lernenden können nicht nur zu Beginn, also bei der Wahl der Aufgabe, sondern auch bei den letzten Arbeitsschritten ganz selbständig vorgehen. Längere Besprechungen von Ergebnissen können entfallen, da jedes Team selbst seine Ergebnisse überprüfen kann.

BMW – das ist eine schöne Methode zur selbständigen Aufgabenbearbeitung, die den Lernenden stark differierende Wahlmöglichkeiten anbietet. Die Vorbereitung von 3 verschiedenen Aufgabentypen pro BMW-Anwendung ist zwar etwas aufwändiger für uns Lehrende. Sie lohnt sich aber vor allem dann, wenn Sie bestimmte Themen mehrfach unterrichten. Zunächst profitieren Ihre Teilnehmenden davon. Denn sie können entscheiden und so auch selbst erfahren, welcher Schwierigkeitsgrad für sie gerade am besten passt. Das fördert nicht nur die jeweils individuell ausgeprägte Motivation – es ermöglicht auch gute Lernfortschritte, wenn die Lernenden mit den Aufgaben arbeiten können, die für sie im Moment das optimale Maß an Herausforderung bieten. Auf lange Sicht kommt es aber auch Ihrem Lehrerfolg mit einer bestimmten Gruppe zugute, wenn Sie frühzeitig herausfinden, was die einzelnen Mitglieder am ehesten motiviert und leicht lernen lässt.

Mehr über die verschiedenen Lernmotivatoren finden Sie im Buch »Lernlust statt Paukfrust – mit deinen Motivatoren leichter lernen in Schule, Studium und Beruf«.

4 Volltreffersuche

lebendig • kommunikativ • tiefsinnig

Ziel:

Reflexion von Haltungen, Einstellungen und Überzeugungen; Position beziehen, Diskussionen auslösen.

Kurz beschrieben:

Alle Teilnehmenden erhalten je 3 Karten, auf denen Aussagen zum Fachthema stehen. Die Aussagen beschreiben Haltungen, Überzeugungen, Regeln, Sachinhalte. Die Teilnehmenden schauen sich die Sätze an. Sie haben die Aufgabe, möglichst viele Aussagen zu bekommen, denen sie persönlich zustimmen. Dazu treten alle in einen regen Tauschhandel ein. So lange, bis alle Teilnehmenden mindestens einen Volltreffer gefunden haben. Dann lesen sie ihre Lieblingsaussage reihum vor und erklären, warum gerade diese ein »Volltreffer« für sie ist. Eine Diskussion zu den Aussagen und den Statements kann folgen.

Material:

Vorbereitete Karten mit Aussagen, pro Person mindestens 5 Karten.

Dauer:

Erklärung: 2 Minuten
Tauschphase: 3 bis 5 Minuten
Vorlesen und Begründen: Je nach Anzahl der Teilnehmenden

Vorbereitung:

Sätze finden, formulieren und Karten produzieren.

Für Methode 4 entführe ich Sie in die Orbium-Fachtrainerausbildung. Vierter Tag, Nachmittag. Alle kommen gerade aus der Kaffeepause zurück.

»In unserer Trainerausbildung haben wir uns schon mit vielen Ansätzen, Ideen und Haltungen für gutes Unterrichten befasst. Zwischendurch machen wir nun ein kleines Experiment. Ich bitte Sie, alle aufzustehen und hier einen Kreis zu bilden.«

In der Hand halte ich einen Stapel »Volltrefferkarten«. Das sind Karten, auf denen kurze Aussagen stehen.

»Sie alle dürfen gleich 3 Karten aus diesem Stapel ziehen. Auf jeder Karte steht eine Aussage rund um das Thema gutes Unterrichten, also lauter Sätze zu unserem Kursthema. Schauen Sie sich die von Ihnen gezogenen Karten an. Es kann sein, dass Sie einzelne – oder mehrere – Sätze in der Hand halten, denen Sie spontan zustimmen, die sie richtig gut finden. Das ist prima. Behalten Sie diese Karten. Gut möglich ist allerdings auch, dass Sie Sätze gezogen haben, denen Sie mitnichten zustimmen. Sätze, die mit Ihrer Auffassung von einem guten Unterricht nichts gemein haben, die Sie strikt ablehnen. Wir eröffnen hier gleich einen großen Tauschhandel. Dabei haben Sie die Aufgabe, möglichst viele Volltreffer zu bekommen: Karten mit Aussagen, denen Sie aus tiefstem Herzen zustimmen. Gleichzeitig ist es Ihr Ziel, Karten, die Ihnen nicht gefallen, loszuwerden. Gehen Sie also – wie auf einem Basar – auf die Kolleginnen und Kollegen zu. Quatschen Sie die Leute an. Bieten Sie ihnen die Karten an, die Sie loswerden wollen. Und halten Sie Ausschau nach noch besseren Volltreffern für Ihre eigene Sammlung. Vielleicht gibt es Leute hier, die mit ihren gezogenen Karten schon sehr zufrieden sind. Mit ihnen wird es schwer möglich sein, einen Handel zu machen. Mit anderen dafür umso mehr. Sollten Sie merken, dass Sie bei der Volltreffersuche gar nicht weiterkommen, können Sie sich hier am Tisch auch auf dem Jokerstapel Nachschub holen. Und Ihre Chancen verbessern. Ziel ist es, in den nächsten 5 Handelsminuten auf jeden Fall mindestens einen Volltreffer zu bekommen. Noch besser 2. Königlich wären 3 Volltreffer. Alles klar? Dann eröffne ich den Tauschmarkt. Viel Spaß!«

Jetzt laufen alle los und reden durcheinander. Karten werden gezeigt, gelesen, vorgelesen, angepriesen. Deals werden angebahnt, abgeschlossen oder platzen.

Hier ein Auszug aus meinen Volltrefferkarten zum Thema »Didaktik«:

- Als Lehrende sind wir bisweilen auch als Erzieherinnen und Erzieher gefragt.
- Wenn wir den Lernenden – auch in schwierigen Situationen – wertschätzend begegnen, wirkt sich das positiv auf das Lernklima aus.
- Wenn wir den Nutzen der Veranstaltung und der Lerneinheiten klar benennen, kann das Einfluss auf die Motivation der Lernenden haben.
- Richtig dosierte und gut angeleitete Hausaufgaben sind eine prima Ergänzung zum Seminar.
- Bei Partner- und Gruppenarbeiten besteht die Gefahr, dass die Lernenden nur privat quatschen, anstatt zu arbeiten.
- Als Lehrende können wir uns noch so sehr anstrengen. Allen werde wir es selten zu 100 Prozent recht machen können.
- Eine Schlüsselfähigkeit von Lehrenden sollte sein: Auswählen können! Weglassen können! Reduzieren können!
- Wenn ich gut lehren, unterrichten will, bin ich der Allererste, für den ich gut sorgen muss.
- Sei am Anfang ein Barbar, dann hast du Ruh das ganze Jahr!
- Als Lehrende müssen wir von den Lernenden etwas verlangen, sie

fordern – nur so lernen sie. Das ist nicht anders als beim Sport.

- Es sind die Geschichten, die sich einprägen. Deshalb sollten wir als Lehrende viele Geschichten erzählen.
- Viele Lehrende wollen mit ihrem Methodenzauber nur darüber hinwegtäuschen, dass sie nicht richtig im Thema stehen.
- Spätestens nach 90 Minuten muss es eine Pause geben.
- Nicht jedes Seminar kann ein Highlight sein.
- Um Konflikten vorzubeugen, sollten wir als Lehrende gleich zu Beginn klare Regeln vereinbaren und deren Einhaltung im Auge behalten.

Diese Sätze zu finden, zu formulieren und die Karten herzustellen, ist im ersten Schritt recht aufwändig. Doch die Mühe lohnt sich, zumal, wenn Sie ein bestimmtes Thema öfter in Kursen bearbeiten und die Karten immer wieder nutzen können. Mein Volltrefferkartenset zum Thema »Didaktik« entstand auf einer Zugfahrt von Kiel nach Hamburg. Es war Januar, der ICE steckte auf unbestimmte Zeit im Eis fest. Das war eine prima Gelegenheit. Vielleicht ja ein sinnvoller Zeitvertreib auch bei Ihrer nächsten Zugpanne …

Für die **Volltreffersuche** wird eine größere Sammlung von Aussagen benötigt. Mindestens 5 Karten pro Person. Bei größeren Gruppen können einzelne Aussagen auch gut gedoppelt werden. Bei der Auswahl achte ich auf eine gute Mischung der Aussagen: Solche, bei denen ich annehme, dass viele Teilnehmende ihnen zustimmen werden. (z. B. »Wenn wir den Nutzen der Veranstaltung und der Lerneinheiten klar benennen, kann das Einfluss auf die Motivation der Lernenden haben«). Und solche Aussagen, die vermutlich Widerstand, Irritation oder Ablehnung erzeugen (z. B. »Um Konflikten vorzubeugen, sollten wir als Lehrende gleich zu Beginn klare Regeln vereinbaren und deren Einhaltung im Auge behalten.«)

Zurück ins Seminar: Nach 3, 4 oder 5 Minuten, wenn ich merke, dass die Mehrzahl der Teilnehmenden mit ihren Karten zufrieden ist, stimme ich die Gruppe auf das Ende ein. Und bitte alle,

4 Volltreffersuche

lebendig • kommunikativ • tiefsinnig

in den Kreis zurückzukehren. Wenn alle stehen, erkläre ich:

»Ich hoffe, Sie haben gute Tauschergebnisse. Meine erste Bitte an Sie: Schauen Sie die Karten in Ihrer Hand an und legen Sie die Karte, die Ihnen am besten gefällt, mit der Aussage sichtbar nach oben.«

Manchen Teilnehmenden gelingt das ganz flott, bei anderen dauert die Wahl ein wenig länger. Wenn alle fertig sind, fahre ich fort:

»Ich bitte Sie nun, uns reihum Ihren Lieblingsvolltreffer vorzulesen. Die Karte also, die Sie gerade ausgewählt haben. Und uns dann zu erzählen, warum Sie dieser Aussage zustimmen, was Sie dazu denken. Haben Sie Lust, anzufangen, Anne?«

Anne nickt und liest ihre Karte vor: »Eine Schlüsselfähigkeit von Lehrenden sollte sein: Auswählen können! Weglassen können! Reduzieren können!« Dann erklärt sie: »Mir wurde in unserer Ausbildung hier erst richtig klar, wie wichtig dieser Satz ist. Ich habe die Studierenden in meinen Seminaren in der Tiermedizin oft vollkommen überfordert. Es waren einfach viel zu viele Details, die ich da vorgestellt habe. Ich erinnere mich an einen Satz einer Professorin. Die sagte immer: ›Häufig ist häufig und selten ist selten.‹ Ich werde also künftig besser auswählen. Werde mit den häufigen Krankheitsbildern beginnen. Dann erst auf die selteneren Details eingehen. Und dann gelingt auch das Lernen besser!«

Viele im Raum nicken. Sebastian, der neben Anne steht, macht weiter: »Also ich habe eine Karte ausgewählt, die beim Tauschen hier viele vehement abgelehnt haben. Die wollte keiner haben. Bei mir steht: ›Sei am Anfang ein Barbar, dann hast du Ruh das ganze Jahr!‹ Natürlich will ich mich zu Beginn der Kurse nicht barbarisch verhalten, das ist ja vollkommen klar. Aber deutlich sagen, was mir wichtig ist und welche Spielregeln bei mir im Kurs gelten, das finde ich schon sehr sinnvoll. Meine Erfahrung dabei ist, dass dann alle wissen, woran sie sind, und es viel weniger Trara in den Kursen gibt.«

Wenn die Teilnehmenden die von ihnen erkorenen Volltreffersätze erklären, wenn sie begründen, warum sie hinter dem ausgewählten Satz stehen, dann denke ich oft: »Wow! – Besser könnte ich das gar nicht erklären!« Immer wieder erlebe ich, dass wir durch die kurzen Statements zum fachlichen Kern kommen. Zu dem, worum es im jeweiligen Kurs geht. Ich vermute, dass wir als Dozenten diese Sätze 13 Mal sagen könnten. Sie hätten dennoch nicht die gleich Wirkung wie das, was die Teilnehmenden selbst erklären, oder wie die Erfahrungsberichte der Lernenden selbst. Denn oft werden die ausgewählten Volltreffersätze mit Berichten aus der Praxis untermauert – eine prima Übertragungsleistung! Und ein Beleg für die Kompetenz und den reichen Erfahrungsschatz der Einzelnen wie der gesamten Gruppe.

Ich halte mich dabei in der Regel zurück. Bei manchen Gruppen habe ich, ausgelöst durch die vorgestellten Überzeugungen, schon spannende Fachdiskussionen erlebt. In anderen Gruppen bleibt es eher bei einer Runde kurzer Statements. Auch das ist in Ordnung.

Die Methode **Volltreffersuche** lässt sich an mehreren Stellen im Lernprozess einsetzen. Gleich zu Beginn, um ins Thema einzusteigen. In der Kursmitte, um zwischendurch aus vielfältigen Blickwinkeln auf das Thema zu schauen. Oder ganz am Ende. Als krönender Abschluss.

Das Schöne daran: Es geht schnell und bringt uns dennoch oft in die Tiefe zu den ureigenen Haltungen und Überzeugungen. Und die Methode lässt sich in vielen Kontexten nutzen. Zum Beispiel bei Führungsthemen, Verkaufstechniken, bei Kursen zum Zeitmanagement, zu einer neu eingeführten Software oder im Sprachunterricht. Aber auch zu »ganz trockenen Fachthemen« wie Steuerrecht oder Volkswirtschaftslehre lassen sich Aussagen sammeln.

Sind die Karten einmal erarbeitet, können Sie die Volltrefferkarten vielfältig einsetzen. Zum Beispiel fordere ich die Lernenden ab und an gerne im Rahmen einer Volltreffersuche auf, Aussagen zu finden, denen Sie *absolut nicht* zustimmen. Das bringt eine ganz andere Energie und kann oft schöne Diskussionen auslösen.

5 Sicherheitscheck

aufschlussreich • richtungsweisend • erleichternd

Ziel:

Insbesondere bei schwierigen Themen Klarheit darüber gewinnen, wo die Teilnehmenden stehen, was ihnen im Verständnisprozess schwer fällt und was sie zum besseren Verstehen brauchen. Die Teilnehmenden selbst dazu anregen, über den Lernprozess nachzudenken.

Kurz beschrieben:

Die Teilnehmenden erhalten einen Bogen mit der Abbildung einer Skala von 0 bis 10. Auf dieser Skala kreuzen sie an, wie sicher sie sich mit dem behandelten Thema fühlen. »Sehr sicher« wäre 10, »sehr unsicher« 0. Oder dazwischen, so wie es dem jeweiligen Sicherheitsgefühl der Teilnehmenden entspricht. Danach tauschen sie sich mit der Person, die neben ihnen sitzt zu den folgenden Fragen aus:

1. Wie sicher fühle ich mich im Thema X?
2. Weshalb?
3. Was brauche ich, um im Thema X weiter Richtung 10 zu kommen?

Ihre zentralen Ergebnisse können sie anschließend dem oder der Lehrenden zurufen, um eine noch bessere Unterstützung zu erhalten.

Material:

Evtl. eine Kopiervorlage mit der Abbildung einer Skala von 0 bis 10 und den beiden Leitfragen. Oder nur Papier und Stifte.

Dauer:

Erklärung: 1 Minute
Ankreuzen: 2 Minuten
Austausch mit Nachbarn: 3 bis 5 Minuten
Rückmeldung: 5 Minuten oder länger

Vorlesen und Begründen: Je nach Anzahl der Teilnehmenden

Vorbereitung:

Evtl. Kopien mit Skala erstellen.

Manche Themen in unseren Kursen, Trainings und Seminaren haben es wirklich in sich. Sie sind für die Lernenden eine echte Herausforderung. Entweder weil sie kognitiv schwer zu knacken sind (z. B. ein mathematisches Rechenmodell verstehen) oder weil es zur Entwicklung einer Fertigkeit viel Übung braucht (z. B. ein sehr gutes Feedbackgespräch führen). Oder weil emotionale Hürden das Lernen erschweren (z. B. eine neue Software erlernen, die im Unternehmen eingeführt werden soll und in der viele Lernende keinen Sinn sehen).

Harte Nüsse also für die Lernenden. Und für uns Lehrende auch. Denn bei solchen kniffligen Lernanliegen stellen sich häufig eine Reihe von schwer zu beantwortenden Fragen:

5 Sicherheitscheck

aufschlussreich • richtungsweisend • erleichternd

Vor dem Kurs:

- Wie packe ich die Sache an?
- Wie führe ich ein? Wie baue ich das auf? So, dass die Teilnehmenden leicht lernen können?

Während des Kurses:

- Haben die Lernenden es verstanden?
- Wenn nein, wo genau hängen sie fest?
- Was brauchen Sie, um es leichter zu verstehen?
- Und: Geht es allen in der Gruppe ähnlich?
- Wo stehen die einzelnen Teilnehmenden?
- Vor allem aber: Wie kann ich die Leute unterstützen?

Viele Fragen, die einen Teilnehmenden eines Didaktikkurses auch beschäftigten. Der Mathematikprofessor an der Universität Bochum berichtete von einem Mathekurs für 20 Nachholer. Studierende also, welche die Prüfung im ersten Versuch nicht bestanden hatten. Sie kamen jetzt an mehreren Nachmittagen, um sich für den zweiten Anlauf vorzubereiten.

Dem Professor fiel es schwer, jeweils einzuschätzen, was die Studierenden verstanden hatten und was nicht. Er fragte: »Solange ich das nicht weiß, kann ich schlecht helfen. Wie kriege ich raus, wo die Studierenden stehen?«

In diesem Kurs entwickelten wir gemeinsam die Methode **Sicherheitscheck**. Und der Mathematiker probierte sie als Erster in der Praxis aus. Was passierte, lesen Sie hier. Auf geht's nach Bochum in einen Mathematikübungskurs.

»Bevor wir zum nächsten Teilthema weitergehen, habe ich eine besondere Bitte an Sie. Wir haben uns gestern und heute mit einer kniffligen Sache beschäftigt. Das Geburtstagsproblem in der Wahrscheinlichkeitsrechnung hat es ganz schön in sich. Mich interessiert, wie sicher Sie sich damit fühlen.«

Der Professor verteilt Kopien. Nachdem alle versorgt sind, fährt er fort:

»Wir machen einen kurzen Sicherheitscheck. Nutzen Sie dazu den Bogen. Tragen Sie zunächst unser Thema ein: ›Das Geburtstagsproblem in der Wahrschein lichkeitsrechnung‹. Und dann überlegen Sie, wie sicher Sie sich dabei fühlen. Wenn Sie sich vollkommen unsicher und irritiert fühlen, dann kreuzen Sie die 0 an. Wenn Sie finden, Sie sind top trittfest, fühlen sich bombensicher mit dem Geburtstagsproblem, dann machen Sie ein Kreuz bei der 10. Oder eben dort zwischen 0 und 10, wo es Ihrem momentanen Gefühl am besten entspricht. Schnappen Sie sich einen Stift und kreuzen Sie die entsprechende Zahl an.«

5 Sicherheitscheck aufschlussreich • richtungsweisend • erleichternd

Die Lernenden machen ihr Kreuz. Das geht in der Regel ganz flott.

Dann schreibt der Professor 3 Fragen an die Tafel.

Sicherheitscheck zum Thema: Geburtstagsproblem in der Wahrscheinlichkeitsrechnung

1. Wie sicher fühle ich mich im Thema?
2. Weshalb?
3. Was brauche ich, um weiter Richtung 10 zu kommen?

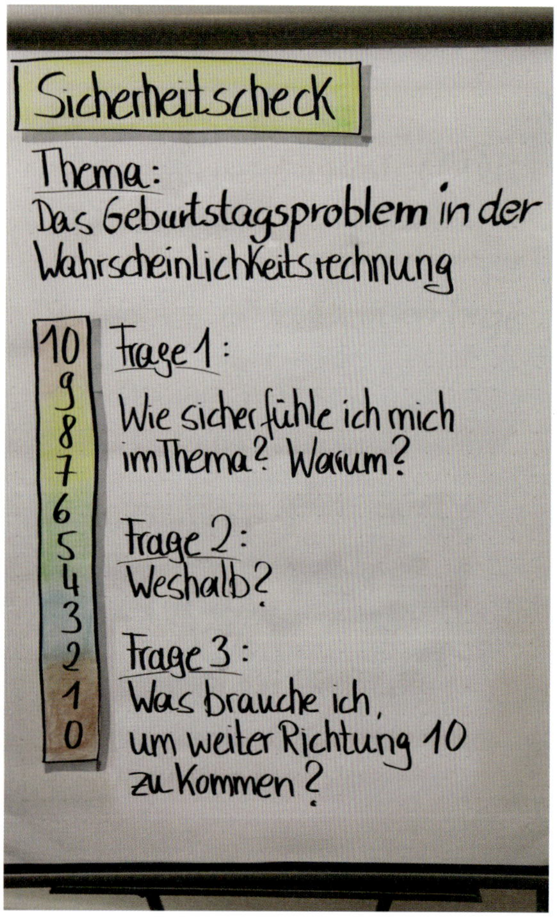

»Bitte tauschen Sie sich nun mit Ihrem Nachbarn, Ihrer Nachbarin darüber aus. Berichten Sie sich gegenseitig, wie sicher Sie sich fühlen – und weshalb. Und dann überlegen Sie, was Sie brauchen, um weiter Richtung 10 zu kommen. Das kann bei Ihnen beiden jeweils ähnlich, aber auch ganz unterschiedlich sein. Notieren Sie die wichtigsten Wege, die Sie in Richtung 10 bringen könnten, auf Ihrem Sicherheitscheckbogen. Alles klar? Dann starten Sie jetzt!«

Die Lernenden beginnen nun miteinander zu plaudern. Durch die bereits angekreuzte Ziffer fällt die Beantwortung der ersten beiden Fragen den meisten Teilnehmenden ganz leicht. Und Ideen zu Frage 3 fließen häufig auch schon mit ein: »Ich habe eine 7 angekreuzt. Das mit dem Geburtstagsproblem habe ich schon verstanden, grundsätzlich. Aber die Anwendung fällt mir noch schwer. Ich bräuchte jetzt einige Übung, müsste das

5 Sicherheitscheck aufschlussreich • richtungsweisend • erleichternd

ausprobieren.« Oder: »Bei mir ist es die 4. Mir ist einfach nicht klar, wie genau ich die Formel herleiten muss. Solange ich das nicht kapiere, komme ich nicht weiter.«

Nach einigen Minuten bittet der Professor die Studierenden, zum Ende zu kommen und erklärt:

»Ich freue mich, wenn Sie mir sagen, welche Ziffer Sie gewählt haben. Das ist für mich eine wertvolle Information. So weiß ich, wie es Ihnen mit unserem Thema geht, und kann beim nächsten Mal entsprechend darauf eingehen. Prima, wenn Sie auch erzählen, was Sie noch brauchen, um weiter Richtung 10 zu kommen.«

Viele Studierende berichten. Ihr Dozent hört aufmerksam zu und macht Notizen. Das Beste am **Sicherheitscheck**: Einige Probleme lösen sich schon in dem Moment, in dem sie benannt werden. Warum? Weil den Lernenden bewusst wird, wo die Schwierigkeit liegt. Und hinsichtlich der meisten anderen Probleme haben ab jetzt andere Lernende oder der Professor die Möglichkeit, mit Hilfen, Beispielen und Erklärungen genau dort anzusetzen, wo der Schuh drückt.

Ich selbst setze den **Sicherheitscheck** seither immer dann ein, wenn wir in den Didaktikkursen knifflige Themen bearbeiten. Die Entwicklung von Advance Organizern zum Beispiel. Oder die Reaktionsformen in Stormingphasen. Und dabei mache ich immer wieder dieselbe lerntechnisch interessante Beobachtung: Auf die Frage, was die Lernenden noch bräuchten, um weiter Richtung 10 zu kommen, höre ich vorwiegend »Ausatmungs«-Aktivitäten: üben, in der Praxis erproben, ein paar Mal durchspielen, auf meine Situation übertragen … Gut also, wenn der **Sicherheitscheck** dazu beiträgt, dass die Lernenden dies selbst erkennen!

6 Stimmt's oder stimmt's nicht? schnell • spannungsfördernd • knifflig

Ziel:

Die Aufmerksamkeit der Lernenden auf das Thema lenken, Motivation anheizen, erste Auseinandersetzung mit dem neuen Lernstoff.

Kurz beschrieben:

Beim Einstieg in ein neues Fachgebiet erhalten die Teilnehmenden 3 bis 7 Aussagen zum Thema. Gemeinsam mit ihrer Nebenfrau, ihrem Nebenmann überlegen sie, ob die Aussagen stimmen oder nicht. Sie vermuten, rätseln – und die Spannung steigt: Stimmt's oder stimmt's nicht? Aufgelöst werden die kleinen Rätsel im Laufe des Seminars – in der Regel mit entsprechend großer Aufmerksamkeit vieler Lernender.

Material:

Aussagen auf Kopie, Flip-Chart, Pinnwand oder per Beamer.

Dauer:

Vermuten: 3 bis 5 Minuten
Auflösen, Diskutieren: je Aussage wenige Minuten im Laufe des Seminars

Vorbereitung:

3 bis 7 spannende Aussagen zum Inhalt formulieren, Möglichkeiten zum Ja/Nein-Ankreuzen zufügen, den Text für die Visualisierung vorbereiten.

Puh! Am Nachmittag sollen Sie angehende Personalsachbearbeiter in die Grundzüge des Arbeitsrechts einführen. Das ist viel Stoff und häufig sinkt die Aufmerksamkeit mehr und mehr. Spätestens nach der 15. Folie …

Heute packen Sie die Sache anders an. Das wird schon bei der Begrüßung deutlich:

»Schön, dass Sie hier sind. Wie Sie wissen, geht es bei uns heute um das Thema ›Arbeitsrecht‹. Ich habe dazu einen kleinen Vortrag vorbereitet und werde Ihnen gleich eine ausführliche Einführung ins Thema geben. Davor aber bitte ich Sie, sich einen Teil des Vortrags schon einmal anzuschauen. Ich habe Ihnen auf dieser Kopie 5 Aussagen mitgebracht, um die es heute vorrangig gehen wird. Schauen Sie sich die Aussagen gemeinsam mit Ihrem Nachbarn, Ihrer Nachbarin an und tauschen Sie sich dazu aus. Was vermuten Sie? Stimmt das oder stimmt das nicht? Möglicherweise werden Sie und Ihr Nachbar bei einigen Aussagen zum gleichen Schluss kommen. Vielleicht sind Sie aber an mancher Stelle unterschiedlicher Meinung. Dann kreuzen Sie das auf Ihren Bögen auch mutig so an. Vermuten Sie, raten Sie. Und wenn Sie bei einer Aussage ganz unschlüssig sind, dann lassen Sie die Zeile einfach frei. Viel Spaß!«

Die Teilnehmenden beginnen zu lesen – und zu überlegen. Wie ist das? Was habe ich dazu schon gehört? Stimmt das

6 Stimmt's oder stimmt's nicht? schnell • spannungsfördernd • knifflig

oder stimmt das nicht? Ein angeregtes Gemurmel beginnt …

Vermuten jetzt auch Sie. Hier kommen die Aussagen zum Arbeitsrecht. Schnappen Sie sich einen Stift und kreuzen Sie an.

Aussage	Stimmt	Stimmt nicht
Aussage 1: Gemäß § 1 Betriebsverfassungsgesetz (BetrVerfG) werden Betriebsräte ab einer Mindestzahl von 5 wahlberechtigten Mitarbeitern gewählt.		
Aussage 2: Der Soziologe Max Weber (1864 bis 1920) hat verschiedene idealtypische Führungsstile beschrieben. Dazu zählt der Laissez-faire-Führungsstil.		
Aussage 3: Vorgesetzte haben die Pflicht, für ihre Untergebenen zu sorgen. Dies ist geregelt in § 10 Abs. 3 Soldatengesetz (SG).		
Aussage 4: Gemäß § 622 Abs. 1 BGB haben Arbeitnehmer eine Grundkündigungsfrist von 4 Wochen zum 15. oder letzten Tag eines Kalendermonats.		
Aussage 5: Gemäß § 3 Bundesurlaubsgesetz (BUrlG) hat jeder Arbeitnehmer Anspruch auf mindestens 28 Werktage bezahlten Erholungsurlaub.		

Nach 3 bis 5 Minuten bitten Sie die Teilnehmenden, langsam zum Ende zu kommen und die Bögen erst einmal zur Seite zu legen. Häufig ist die Stimmung gespannt. Jemand äußert ungeduldig: »Und? Wie ist das jetzt mit der Anzahl der Urlaubstage?«

Die kleine Methode hat das Interesse am Thema geweckt. Die Leute wollen es jetzt wissen. Eine gute Ausgangslage!

Genießen Sie diesen guten Zustand und spannen Sie die Teilnehmenden gerne ein wenig auf die Folter.

»Ja, das sind interessante Fragen. Sie werden in den nächsten 90 Minuten herausfinden, ob Sie mit Ihren Vermutungen richtig lagen, das verspreche ich Ihnen.«

Jetzt beginnen Sie mit Ihrem kleinen Vortrag. Peu à peu kommen Sie dabei zu den Punkten, mit denen sich die Teilnehmenden bereits befasst haben. Wenn Sie die fraglichen Aussagen bzw. die erwarteten Auflösungen der Rätsel geschickt einbauen, können Sie die Aufmerksamkeit der Lernenden immer wieder neu wecken.

Häufig erlebe ich, dass es den Lernenden durch die vorgeschalteten Rätsel leichter fällt, Gedanken und Fragen zu

6 Stimmt's oder stimmt's nicht? schnell • spannungsfördernd • knifflig

äußern. Denn sie haben sich zuvor bereits mit dem einzelnen Detailthema befasst, haben sich darüber mit ihren Nachbarn ausgetauscht. Das gibt – insbesondere den zurückhaltenderen Lernenden - die Sicherheit, auch in einer größeren Gruppe mitzureden.

Vermuten – das ist ein hervorragender Lernzustand. Die Teilnehmenden kramen zu den einzelnen Aussagen ganz automatisch in ihrem Wissen, ihren Erfahrungen. Während sie plaudern, höre ich manchmal mit meinen »Partyohren« zu:

- »Ich erinnere mich, dass ich in der Schule vom Laissez-faire-Führungsstil gehört habe …«
- »Zu der Sache mit den Betriebsräten hab ich mal was gelesen …«
- »Bei meinem Mann war das bei der Kündigung damals so …«

Die Lernenden kommen in Kontakt mit ihrem Weltwissen – eine ideale Voraussetzung zum Lernen. Denn: Lernen gelingt dann gut, wenn wir Neues an bereits gemachte Erfahrungen, an vorhandene Wissensstrukturen anfügen können. So sorgen Sie mit **Stimmt's oder stimmt's nicht?** für die Anschlussfähigkeit bezüglich des Themas.

Und noch mehr löst das Vermuten aus: Diese kleinen Ja/Nein-Fragen schaf-

6 Stimmt's oder stimmt's nicht? schnell • spannungsfördernd • knifflig

fen ein wenig Unordnung, Unsicherheit, Unklarheit in den Köpfen. »Wie ist es jetzt?« Offene Fragen – das sind prima Ausgangslagen. Denn sie wecken unsere Neugier und unser Interesse. Ich freue mich immer, wenn die Leute ungeduldig werden, weil sie unbedingt wissen wollen, auf wie viele Tage Erholungsurlaub ein Arbeitnehmer Anspruch hat …

Stimmt's oder stimmt's nicht? ist eine meiner Lieblingsmethoden geworden. Hier gilt zweifelsfrei: »Kleiner Hebel, große Wirkung!« Mit nur wenigen Aussagen und entsprechend minimaler Vorbereitung gelingt es in kurzer Zeit, die Lernenden in Kontakt mit dem Thema zu bringen und eine positive Spannung zu erzeugen.

Gerade auch bei großen Gruppen, bei oft leidigen Großlehrveranstaltungen an Hochschulen lässt sich hiermit sehr gut arbeiten. Die paar Aussagen müssen Sie nicht einmal ausdrucken und austeilen. Sie können sie einfach mit dem Beamer an die Wand projizieren. Bitten Sie die Teilnehmenden, sich mit ihren Nachbarn zu den Aussagen auszutauschen und die Entscheidungen kurz zu notieren – und schon setzen sich alle aktiv mit dem Thema auseinander.

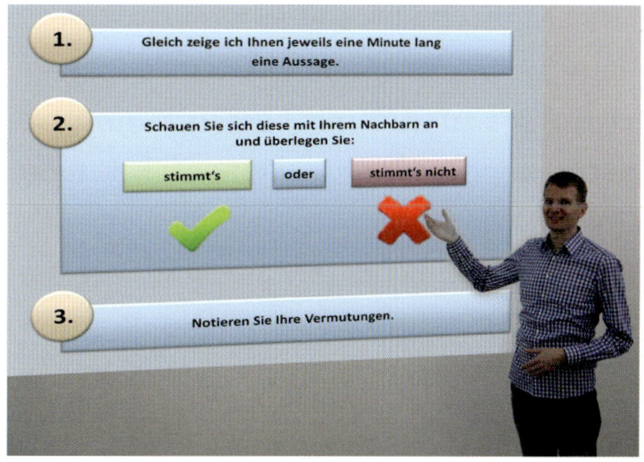

Voraussetzung für den Erfolg dieser Methode ist eine gute Auswahl der Aussagen. Hier ist Ihr Fingerspitzengefühl gefragt, den zur Zielgruppe passenden Schwierigkeitsgrad zu finden. Sind die Inhalte allen bekannt, die Rätsel dadurch zu leicht, wird die gewünschte Spannung nicht entstehen. Sind sie zu detailliert, zu fremd, zu anspruchsvoll, dann können sie bei den Lernenden gegenteilige Reaktionen auslösen: Frustration und Desinteresse. Ich probiere neue Aussagerätsel gerne mit Kollegen oder Freunden aus und schaue, wie diese reagieren. Ganz wichtig bei der Formulierung: Seien Sie sich darüber im Klaren, dass Sie mit den Aussagen die Aufmerksamkeit der Lernenden lenken. Das heißt: Suchen Sie die Aspekte ihres Themas aus, um die es Ihnen in Ihrem Kursbaustein ganz besonders geht, die zentralen Elemente also! Ich mixe gerne etwas Exotisches hinein. Etwas, das irritiert, überrascht, uns die Köpfe schütteln lässt. In unzäh-

6 Stimmt's oder stimmt's nicht? schnell • spannungsfördernd • knifflig

ligen Munterrichtsmethodenworkshops habe ich die Methode **Stimmt's oder stimmt's nicht?** mit Aussagen zum deutschen Grundgesetz eingeführt. Eine Aussage darunter: »Im Grundgesetz ist von Schiffen die Rede.« Sie ist es, die die größte Spannung erzeugt. Also: Bringen Sie mit interessanten Aussagen Würze in Ihr Thema!

Stimmt's oder stimmt's nicht? lässt sich auch im Verlauf oder am Ende eines Kurses gut nutzen. Dann als einen Weg, um die Lernenden über den bereits erarbeiteten Stoff noch einmal nachdenken zu lassen. Wenn Sie etwas mehr Zeit haben, können Sie auch die Lernenden selbst bitten, in kleinen Teams Aussagen zu entwickeln, die später die anderen Teams bearbeiten. Das fördert mehrfach das »Ausatmen«: Bei der Suche nach möglichen Aussagen durchforsten die Teilnehmenden noch einmal den gesamten Lernstoff. Um Sachverhalte zu entwickeln, die fast genauso gut stimmen wie nicht stimmen könnten, die also wirklich knifflig zu beurteilen sind, müssen sie kreativ mit den Inhalten spielen. Und anschließend setzen sie sich mit den Aussagen der anderen Gruppen auseinander. Die besten Erfindungen der Teams können auch Ihre Aussagensammlung sehr bereichern!

Ach ja: falls es Sie interessiert: Hier die Lösungen zu den 5 Fragen …

Aussage	Stimmt	Stimmt nicht
Aussage 1: Gemäß § 1 Betriebsverfassungsgesetz (BetrVerfG) werden Betriebsräte ab einer Mindestzahl von 5 wahlberechtigten Mitarbeitern gewählt.	X	
Aussage 2: Der Soziologe Max Weber (1864 bis 1920) hat verschiedene idealtypische Führungsstile beschrieben. Dazu zählt der Laissez-faire-Führungsstil. Lösung: Weber beschrieb den patriarchalischen, den charismatischen und den bürokratischen Führungsstil, nicht aber den Laissez-faire-Stil.		X
Aussage 3: Vorgesetzte haben die Pflicht, für ihre Untergebenen zu sorgen. Dies ist geregelt in § 10 Abs. 3 Soldatengesetz (SG).	X	
Aussage 4: Gemäß § 622 Abs. 1 BGB haben Arbeitnehmer eine Grundkündigungsfrist von 4 Wochen zum 15. oder letzten Tag eines Kalendermonats.	X	
Aussage 5: Gemäß § 3 Bundesurlaubsgesetz (BUrlG) hat jeder Arbeitnehmer Anspruch auf mindestens 28 Werktage bezahlten Erholungsurlaub. Lösung: Es besteht Anspruch auf 24 Werktage Erholungsurlaub.		X

7 Zwischenbilanz

gründlich • klärend • nachhaltig

Ziel:

Gelerntes auffrischen und rekapitulieren, Praxistransfer anstoßen.

Kurz beschrieben:

Die Teilnehmenden kommen in Paaren zusammen. In der ersten Runde hat Person A die Aufgabe, B zu interviewen, B zieht für sich Zwischenbilanz. A stellt 2 Fragen: »Was haben Sie heute gelernt?« und »Was machen Sie jetzt damit?« B antwortet. A notiert in Stichworten und Halbsätzen, was besonders wesentlich erscheint. 2 weitere Male stellt A dieselben Fragen – B antwortet. Dann zeigt A die Notizen, so dass B eventuelle Korrekturen oder Ergänzungen erbitten kann, und übergibt B das kleine Zwischenbilanzprotokoll. Jetzt werden die Rollen getauscht. B interviewt und protokolliert, A antwortet.

Material:

Moderationskarten, Kugelschreiber.

Dauer:

Erklärung: 2 Minuten
Bilanzieren:
Sanfte Variante: 5 bis 10 Minuten
Harte Variante: 15 bis 30 Minuten

Vorbereitung:

Die beiden Zwischenbilanzfragen visualisieren.

Stellen Sie sich vor, Sie wären Teilnehmende eines Munterrichtsmethodentages. An einem schönen Ort erproben wir ein gutes Dutzend Methoden. Es ist 12 Uhr – in 30 Minuten gibt es Mittagessen.

»Die Hälfte unseres Kurstages liegt bereits hinter uns. Zeit für eine Zwischenbilanz. Gleich bekommen Sie einen Kollegen, eine Kollegin zur Seite – Ihren Bilanzpartner. Angenommen, Herr Zimmer wäre dies für mich, dann hätten wir beide die folgende Aufgabe:

In Runde 1 übernimmt Herr Zimmer die Hauptrolle. Er zieht für sich Zwischenbilanz. Ich bin sein Interviewer – und sein Protokollant. Als Interviewer werde ich 2 Fragen stellen:

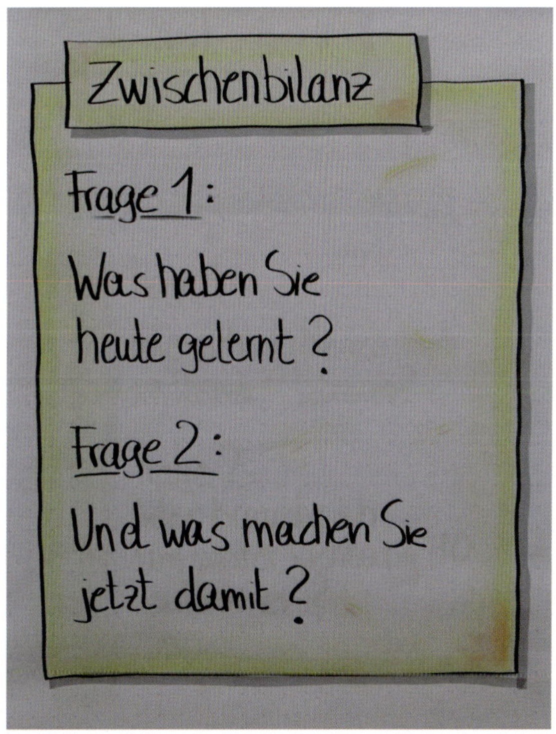

7 Zwischenbilanz gründlich • klärend • nachhaltig

Mit Frage 1 – ›Was haben Sie heute gelernt?‹ – werde ich beginnen. Sie, Herr Zimmer, überlegen und erzählen. Wenn Sie zum Ende kommen, stelle ich Frage 2: ›Und was machen Sie jetzt damit?‹ Ich höre Ihnen aufmerksam zu und notiere ein paar Stichworte, Halbsätze und Sätze, die mir besonders zentral erscheinen. Und wenn Sie Frage 2 beantwortet haben, kommt der Knaller. Ich beginne wieder bei Frage 1 und frage Sie: ›Und was haben Sie heute noch gelernt, Herr Zimmer?‹ Das gleiche Spiel also noch einmal. Und wenn ich mir sicher sein kann, dass Sie gelassen bleiben und von Ihnen, Herr Zimmer, noch keine Gefahr für mich ausgeht, dann stelle ich meine beiden Fragen noch ein drittes Mal. Wenn Sie auch darauf geantwortet haben, zeige ich Ihnen, welche Notizen ich auf der Moderationskarte hier aufgeschrieben habe. Das sind natürlich meine Interpretationen Ihrer Erzählungen. Jetzt können Sie schauen, ob ich das Wesentliche getroffen habe, und korrigieren oder ergänzen. Wenn alles passt, übergebe ich Ihnen feierlich Ihre Zwischenbilanz – anschließend tauschen wir beide die Rollen. Jetzt sind Sie Interviewer und Protokollant. Ich bilanziere. Möglich, dass es ganz ähnliche Dinge sind, die ich hier heute gelernt habe. Vielleicht aber waren für mich im Seminar heute aber auch ganz andere Dinge wichtig. Lassen Sie sich also überraschen. Ach, noch eins: Ich gebe Ihnen allen kurz Bescheid, bevor die erste Halbzeit um ist. Dann sollten Sie allmählich damit beginnen, die Notizen zu besprechen. Dasselbe am Ende. Jede Person hat etwa 7 Minuten Zeit.«

Wenn ich mit meinen Erklärungen im Seminar geendet habe, ist es meist ganz still im Raum. Niemand ruft: »Halleluja! – Lasst uns loslegen mit der **Zwischenbilanz**« Denn auf den ersten Blick erscheint das Ganze mühsam, langweilig und auch ziemlich anstrengend. Trotzdem ist die **Zwischenbilanz** eine meiner Lieblingsmethoden geworden. Warum?

Weil sie die Lernenden auffordert, innezuhalten und – quasi als Kopfkino – den Stoff noch einmal an sich vorbeiziehen zu lassen. Vor allem aber, weil sie die Lernenden animiert, zu schauen, was für sie persönlich wichtig war. Und schon jetzt, nach nur 3 Seminarstunden, zu überlegen, was sie mit dem Gelernten tun werden, wie sie es in ihre Arbeit, in ihre Praxis, in ihr Leben integrieren werden. Denn genau darum geht es letztendlich bei all unseren Bestrebungen in Seminaren, Kursen und Workshops: dass die Teilnehmenden etwas in ihren Alltag mitnehmen, dass sie aus dem Gelernten wirklich etwas anwenden können! Diese

7 Zwischenbilanz

gründlich • klärend • nachhaltig

Aufgaben zur Integration der Kursinhalte können wir gar nicht häufig genug stellen.

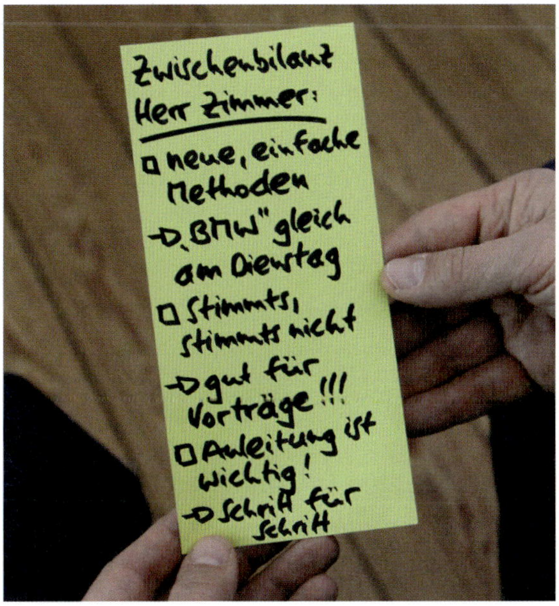

Es genügt eben nicht, in den letzten 10 Minuten eines Seminartages ein paar Transferfragen zu stellen. Dann ist es meistens zu spät! Anstelle solcher Abschlussbilanzen mache ich mit der **Zwischenbilanz** sehr gute Erfahrungen. Auch wenn die Lernenden zunächst nicht in Begeisterung ausbrechen, erscheinen sie mir danach doch »aufgeräumter« zu sein. Sie konnten das Gelernte noch einmal durchdenken, die Inhalte für sich einordnen, erste Schlüsse ziehen. Das ermöglicht ihnen, anschließend wieder offen zu sein für neue Inhalte, weitere Fragen. Häufig erlebe ich sie nach der **Zwischenbilanz** in einem grundzufriedenen Zustand: »Ich hätte nicht gedacht, dass ich schon so viel gelernt habe!«, so kommentieren sie das Erlebnis der **Zwischenbilanz**. Den eigenen Lernfortschritt, die eigenen Kompetenzzuwächse zu spüren, ist neben der Möglichkeit, Lernprozesse eigenverantwortlich zu steuern, und der Akzeptanz in der Lerngruppe einer der wesentlichen motivationalen Grundfaktoren. So beschreiben es die Motivationsforscher Deci und Ryan. Wir tun also gut daran, die Lernenden immer wieder auf ihre Lernzuwächse blicken zu lassen!

Die oben beschriebene Form der **Zwischenbilanz** ist die »Hardcore-Variante« der Methode. Dreimal haben die Interviewer die Aufgabe, nachzufragen. »Dreimal gefragt zu werden, war gut. Es ging immer tiefer bei den Antworten. Damit hätte ich zu Beginn nicht gerechnet«, erklärte eine Teilnehmerin einmal. Ein Schweizer Teilnehmer meinte, es sei schön, mit »liebevoller Penetranz« befragt zu werden. Ich selbst merke das, wenn ich bei der **Zwischenbilanz** mitmache, auch immer wieder. Bei der ersten Fragerunde antworte ich auf einer ganz bewussten Ebene: Ich gebe Antworten, die für mich »auf der Hand liegen«, häufig geht's dabei um die zentralen Themen einer Seminareinheit. Bei der Beantwortung der weiteren Fragen bin ich oft selbst überrascht. Denn jetzt kommen Gedanken zu Tage, die ich mir ohne den Zwang des weiteren Befragtwerdens nicht gemacht hätte.

Ganz klar: Die »Hard-Core-Variante« setze ich nur in Gruppen ein, die mit solch experimentellen Verfahren in der Kurspraxis vertraut sind. Viele Lernende könnte man mit so einem »Quatsch« möglicherweise nachhaltig irritieren, so dass das gewünschte Ergebnis sich sogar ins Gegenteil verkehrt. In eher unerfahrenen Gruppen bitte ich in der »sanften Variante« lediglich darum, jede der beiden Fragen einmal zu stellen. Vertrauen Sie Ihrem Fingerspitzengefühl für das, was Sie den Lernenden Ihrer Kurse jeweils zumuten können.

Je nachdem, worum es bei Ihnen im Kurs geht, können Sie natürlich auch die Interviewfragen variieren. Hier ein paar Ideen:

- Was war heute besonders neu für Sie?
- Worauf wollen Sie daher in Zukunft achten?
- Welcher Fehler wird Ihnen also nicht mehr passieren?
- Was werden Sie Ihren Kolleginnen bzw. Mitarbeitern vom Seminar berichten?
- Was wollen Sie auf jeden Fall ausprobieren, nutzen?
- Was werden Sie auf keinen Fall nutzen?

8 Lesegesellschaft

informativ • still • vielseitig

Ziel:

Das Breitenwissen im Stoffgebiet erweitern.

Kurz beschrieben:

Die Lernenden erhalten eine breite Auswahl von kurzen Fachartikeln oder Fachtexten (jeweils 1 bis 3 Seiten Länge). Sie bekommen eine relativ lange Lesezeit. Jeder übernimmt dabei für einen der Texte eine besondere Verantwortung: Diesen liest er mit gesteigerter Aufmerksamkeit, überlegt – je nach Aufgabenstellung – beispielsweise, worin die zentrale Aussage dieses Textes liegt und notiert diese kurz und knapp auf einem vorbereiteten Leseformular. In allen weiteren Texten können die Teilnehmenden nach Lust und Laune schmökern. Im Anschluss an die Lesezeit stellen die Textverantwortlichen zu ihrem Text die Hauptaussage vor. Ein kurzer Austausch zum Text kann jeweils direkt folgen.

Material:

Textsammlung, Kopien von allen Texten und je ein Leseformular für alle Teilnehmenden, Lose, Stifte, Textmarker, evtl. Nüsse, Obst und Getränke.

Dauer:

Erklärung: 5 Minuten
Losen: 2 Minuten
Lesezeit: 30 bis 90 Minuten
Hauptaussagen vorstellen und Austausch: 30 bis 60 Minuten

Vorbereitung:

Textsammlung anlegen, Texte vervielfältigen, Leseformulare vorbereiten und kopieren, Lose erstellen, evtl. für Kulinarisches sorgen.

Im Kurs: Tische und Stühle umstellen, alles bereitstellen.

Ein IHK-Kurs für Touristiker. Als die Teilnehmenden aus der Mittagspause zurückkehren, betreten sie einen neu gestalteten Seminarraum. Die Tische stehen im Raum verteilt, jeweils mit 1 bis 2 Stühlen daran. Auf den Tischen liegen ein oder mehrere Stapel mit bedruckten Papieren, dazu Stifte und Textmarker. Und zur Freude der Lernenden gibt's auf jedem Tisch eine Schale mit Nüssen.

8 Lesegesellschaft

informativ • still • vielseitig

Herr Palmer begrüßt die Lernenden:

»Schön, dass Sie wieder hier sind. In unserem Programm haben Sie ja bereits gelesen, dass wir heute Nachmittag unser Wissen im Feld ›Tourismus in Skandinavien‹ erweitern werden. Wir machen dies auf besondere Art. Wir bilden eine Lesegesellschaft. Hat jemand eine Idee, was das sein könnte?«

Marion meldet sich und sagt grinsend: »Eine Gesellschaft, die liest, nehme ich an.«

»Ganz genau, darum geht's. Lesegesellschaften haben eine lange Tradition. Ich habe uns ein Lexikon mitgebracht. Ich lese Ihnen mal Teile der Definition vor.«

> Der Begriff »Lesegesellschaft« ist eine Sammelbezeichnung für unterschiedliche Vereinigungen von Lesenden, die dem Zweck dienten, durch Bereitstellung von Büchern und Zeitschriften das gesteigerte Bedürfnis nach und die Kommunikation über Literatur bei erschwinglichem Kostenaufwand zu befriedigen und dabei zugleich eine geistig anregende und gesellige Gemeinschaft herzustellen. Seit dem frühen 18. Jahrhundert sind Lesegesellschaften in vielen Ländern Europas nachgewiesen. In Deutschland entstanden sie seit der Mitte des 18. Jahrhunderts. Der typische Charakter von Lesegesellschaften ist der von exklusiven Mitgliedergesellschaften, die auf private Initiative hin entstanden und selbst organisiert waren.
>
> Aus: Wörterbuch der Erwachsenenbildung von Rolf Arnold, Sigrid Nolda, Ekkehard Nuissl

Herr Palmer schaut wieder auf und erklärt weiter:

»Die Lesegesellschaften dienten also der Bildung und dem Austausch. Keine schlechte Sache, die wir hier in unserem Kurs aufgreifen. Ich habe Ihnen einen Schwung von Fachartikeln aus ganz verschiedenen Zeitschriften und Forumsbeiträgen mitgebracht. Bei allen Artikeln geht es um Fragen zu unserem Thema ›Tourismus in Skandinavien‹. Gleich eröffnen wir unsere Lesegesellschaft. In der nächsten Stunde können Sie nach Herzenslust lesen. Auf jedem der Tische finden Sie einen anderen Artikel, auf manchen auch zwei. Starten Sie irgendwo und lesen Sie für sich in Ihrem Tempo. Wenn Sie merken, dass ein Artikel Sie gar nicht anspricht – ganz egal, ob es am Inhalt oder am Stil liegt –, lassen Sie ihn einfach links liegen und gehen Sie zum nächsten Artikel. Ich habe von allen Artikeln ausreichend Kopien gemacht. Sie können also jeweils zugreifen und gerne mit Textmarkern und Stiften markieren und kommentieren. Und immer den Artikel für sich mitnehmen, wenn Sie mögen.«

Bei vielen Lernenden kommen die Erklärungen gut an. Aus verschiedenen Gründen: Zum einen berichten Teilnehmende häufig, dass sie gerne viel öfter und ausgiebiger lesen würden: Oft

8 Lesegesellschaft informativ • still • vielseitig

fehlt im Alltag die Zeit oder die Muße, Fachzeitschriften zu lesen. Dabei wäre das hilfreich und für die eigene Weiterbildung so wichtig – wie alle wissen. Und noch etwas erhöht die Lust auf die Lesestunde: Es gibt kein vorgeschriebenes Lesepensum. Jeder kann lesen, so viel er will – und vor allem im eigenen Lesetempo.

Bevor die Teilnehmenden beginnen, erklärt Herr Palmer noch etwas:

»Sie können in der nächsten Stunde also ganz frei wählen, welche Texte Sie lesen. Ein Anliegen habe ich aber noch: Ich bitte Sie, einen speziellen Text auf jeden Fall zu lesen und sich mit diesem etwas intensiver zu befassen. Ich habe dafür Lose mitgebracht. Bitte ziehen Sie sich alle ein Los.«

Herr Palmer geht umher. Die Teilnehmenden ziehen Lose, auf denen jeweils eine Nummer steht. So viele, wie Texte im Raum verteilt sind.

»Die Ziffer, die Sie gezogen haben, finden Sie auf einem der Tische bei einem bestimmten Text wieder. Ich bitte Sie, diesen Text mit besonderer Aufmerksamkeit zu lesen. Am besten, Sie starten gleich dort, dann haben Sie anschließend nach Belieben Zeit für die Texte Ihrer Wahl. Bei der Lektüre Ihres Los-Artikels füllen Sie bitte dieses Leseformular hier aus.«

Herr Palmer verteilt Leseformulare an alle Teilnehmenden. Es sind identische A5-Bögen mit – in diesem Fall 3 – Textfeldern.

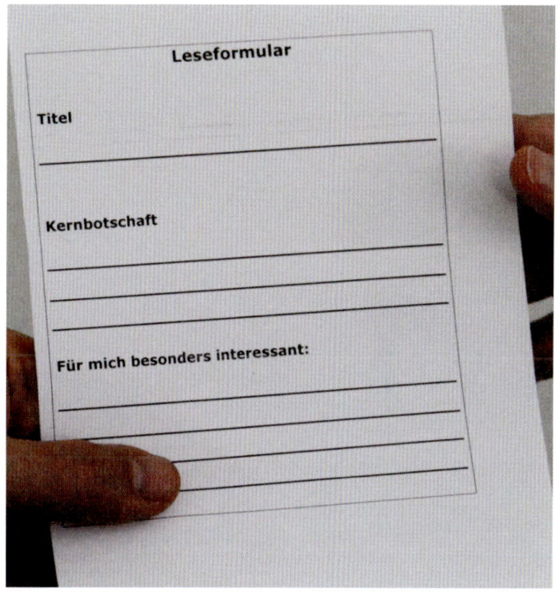

»Auf dem Leseformular bitte ich Sie dreierlei einzutragen: Zuerst den Titel des Textes. Sie können entweder die Überschrift des Artikels nutzen – oder Sie geben ihm einen eigenen Titel. Einen, der das Thema des Artikels vielleicht besser zusammenfasst. Dann bitte ich Sie, die Kernbotschaft des Textes zu notieren. Schreiben Sie nicht alles auf, was im Text steht. Wirklich nur das, was Sie als zentrale Aussage erachten. Und unten auf dem Formular tragen Sie bitte ein, welchen Aspekt, welchen Gedanken, welche Frage Sie selbst besonders interessant finden. Ihr ausgefülltes Leseformular

8 Lesegesellschaft informativ • still • vielseitig

nehmen Sie bitte auch mit, wenn Sie von Ihrem Los-Text aus weiterziehen zu anderen Artikeln. So, dass Sie das Formular nachher, wenn wir in einer Stunde wieder zusammenkommen, griffbereit haben. Dann hat jede und jeder von Ihnen die Aufgabe, die eigene Kurzzusammenfassung anhand des Leseformulars vorzustellen. Jetzt aber erst einmal viel Spaß in unserer Lesegesellschaft.«

Die Teilnehmenden verteilen sich nun an den Tischen. Nach einigen Augenblicken kehrt konzentrierte Ruhe ein. So lange, bis die ersten Lernenden ihren Starttext gelesen und das Ausfüllen des Leseformulars abgeschlossen haben und schließlich weiterziehen.

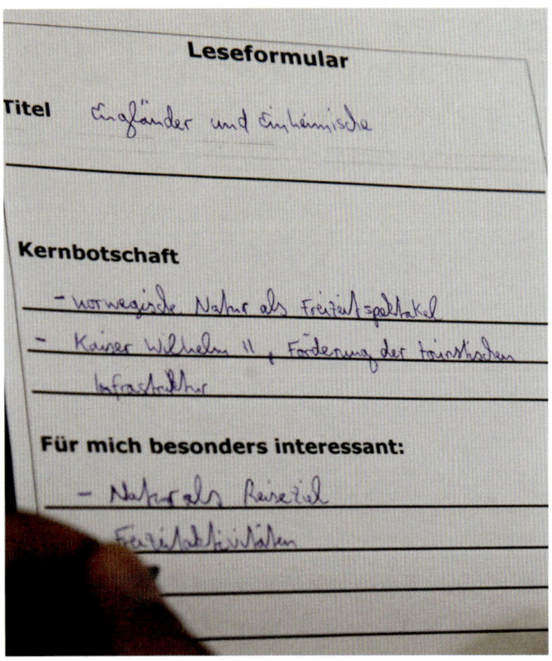
Leseformular

Titel Engländer und Einheimische

Kernbotschaft

- norwegische Natur als Freizeitspektakel
- Kaiser Wilhelm II, Förderung der touristischen Infrastruktur

Für mich besonders interessant:

- Natur als Reiseziel
Freizeitaktivitäten

Je nach Gruppengröße können Sie für einen einzelnen Text jeweils einen oder mehrere Zuständige einplanen. Wenn 2 oder 3 Lernende für einen Text verantwortlich sind und einzeln für sich das Leseformular ausfüllen, gibt es entsprechend auch unterschiedliche Sichtweisen bezüglich des jeweiligen Textes. Später stellen alle 2 oder 3 ihre Ergebnisse vor. Oder Sie fragen bei den anderen Lesenden gezielt nur nach Ergänzungen und Unterschieden. Und sparen ein wenig Zeit.

Die kleinen Leseformulare können ganz unterschiedlich aussehen. Im Kurs von Herrn Palmer waren es »Titel«, »Kernbotschaften« und »besonders interessante Aspekte«. Viele Varianten sind möglich.

- Wie lautet die Hauptfrage, der sich der Text stellt?
- Wie lautet die zentrale Antwort des Textes?
- Gab es im Text für Sie etwas Neues, Überraschendes, Unerwartetes?
- Haben Sie für den Berufsalltag etwas besonders Brauchbares gefunden?
- …

Ich mache gute Erfahrungen damit, auf den A5-Bögen die Antworträume klein zu halten. Das zwingt die Lernen-

8 Lesegesellschaft informativ • still • vielseitig

den, sich schon beim Ausfüllen kurzzufassen und sich wirklich auf das Wesentliche zu beschränken. Dies fällt manchen Lernenden leichter, anderen schwerer. Vor allem die Informationsjunkies unter den Teilnehmenden, denen alles wichtig und interessant erscheint, leiden an dieser Stelle bisweilen. Sie kommen aber bei der **Lesegesellschaft** insofern auf ihre Kosten, als sie in der verbleibenden Zeit nach Herzenslust in den informativen Texten stöbern können.

Wie lange die **Lesegesellschaft** dauern soll, mache ich von der Gruppe abhängig: von ihrer Lesekompetenz und von ihrer Ausdauer. Eine Stunde vergeht schnell. Wichtig für das Gelingen ist, kurze Texte zu wählen. Nur das ermöglicht, dass die Lernenden in einer Vielzahl und Vielfalt von Artikeln lesen können.

9 Konklave

geheimnisvoll • unberechenbar • erleichternd

Ziel:

Als Gruppe eine Arbeitsaufgabe in Eigenregie lösen.

Kurz beschrieben:

Die Teilnehmenden erhalten eine Arbeitsaufgabe, die sie gemeinsam lösen sollen. Wie bei der Papstwahl schließen sie sich bis zum Abschluss der Aufgabe zu einem Konklave zusammen. Die Lernenden haben in der Hand, was sie tun, wie sie vorgehen und wie lange sie tagen.

Material:

Keines

Dauer:

Das hängt ganz von den Kardinälen ab ...

Vorbereitung:

Eine klare Aufgabe, einen klaren Auftrag, eine klare Fragestellung finden und visualisieren.

Bereits zum dritten Mal kommen an diesem Samstag 12 Unternehmerinnen und Unternehmer zur Weiterbildung »Marketing für Mittelständler« zusammen. Heute geht es um Onlinemarketing. Am Vormittag hat die Dozentin die Einsatzmöglichkeiten, Chancen und Grenzen des Onlinemarketings vorgestellt. Nach dem Mittagessen berichtet sie vom Fall der – frei erfundenen – Marmann GmbH.

»Die Marmann GmbH ist eine von 9 Pumpenherstellern in Österreich. Sie ist seit über 50 Jahren am Markt etabliert. Ihre Kunden sind wenige Automobilzulieferer und Gerätehersteller. Eines der Hauptgeschäftsziele für die nächsten 5 Jahre liegt darin, den internationalen Markt zu erschließen. Nun stellt sich für die Geschäftsführung die Frage, ob sich Onlinemarketing als sinnvolle Ergänzung im Marketingmix anbietet«.

Die Dozentin richtet sich an die Teilnehmenden.

»Ich frage Sie. Was denken Sie? Würden Sie der Marmann GmbH Onlinemarketing empfehlen? Wenn ja, wie würden Sie vorgehen, welche Schritte würden Sie vorschlagen? Wenn nein, welche Marketingstrategie würden Sie stattdessen empfehlen?«

Auf einem Flip-Chart hat die Dozentin die Fragen visualisiert. Nun könnte sie den Fall im Dialog mit der Gruppe besprechen. Sie könnte auch 3 Gruppen bilden, die die Aufgabe bearbeiten und dann ihr Ergebnis vorstellen. Mit beiden Wegen hat die Gruppe heute und bei den beiden vorangegangenen Kurstagen jedoch bereits mehrmals gearbeitet. Deshalb entschließt sich die Referentin zu folgendem Auftrag:

9 Konklave

geheimnisvoll • unberechenbar • erleichternd

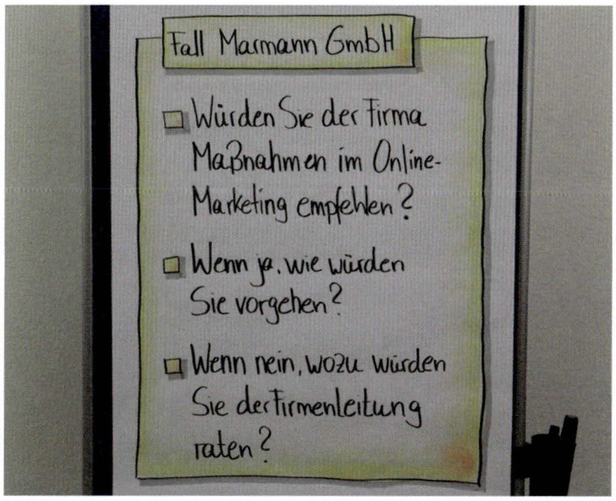

»Ich bitte Sie, gleich in einem Konklave eine gemeinsame Lösung zu den Fragen bezüglich der Marmann GmbH zu finden. Ziehen Sie sich hier in diesem Raum mit der Aufgabe zurück. Machen Sie es wie die Kardinäle bei der Papstwahl. Sie brauchen keinen Papst zu wählen. Ihre Aufgabe ist, Antworten und Lösungsvorschläge zu unseren Fallfragen zu finden. Ich werde Sie gleich alleine lassen. Wie Sie zur Lösung kommen und wie viel Zeit Sie sich nehmen, liegt ganz bei Ihnen. Ich erwarte draußen Ihr Zeichen. Melden Sie sich, wenn Sie fertig sind.«

Die Dozentin verlässt den Raum und schließt die Tür.

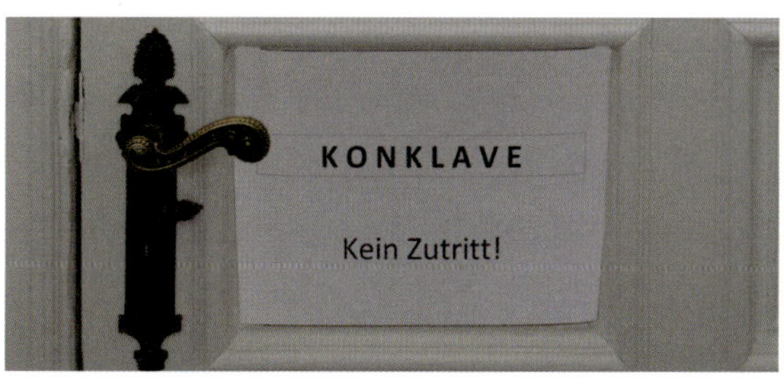

Das Wort **Konklave** kommt vom lateinischen »conclave«: »verschließbares Gemach« und ist verwandt mit dem Verb »con claudere«: »zusammenschließen, einsperren«, aber auch »zusammenfassen, folgen«. Natürlich werden die Teilnehmer hier nicht tatsächlich eingeschlossen. Das wäre unverantwortlich. Die Tür ist zu – und nur die Teilnehmenden von innen sollen sie öffnen, wenn sie ihre Aufgabe gelöst haben. Genau so lautet auch die Regel beim originalen **Konklave**, bei dem sich die Kardinäle in der Sixtinischen Kapelle von der Außenwelt so lange abschotten, bis sie sich auf einen neuen Papst geeinigt haben.

Die Idee vom **Konklave** als Munterrichtsmethode entstand nach dem Tod von Papst Johannes Paul II. Die ganze Welt blickte in diesen Frühlingstagen nach Rom und war gespannt, was sich hinter den verschlossenen Türen des Vatikans abspielte. Mir gefiel das – und so fing ich an, mit der Grundidee zu experimentieren.

Schnell merkte ich, wie aufregend das auch für mich war: eine Aufgabe erklären, den Raum verlassen, die Türe schließen! Von jetzt an liegt alles in der Hand der Lernenden – ich gebe die Verantwortung vollständig ab. Auf dem Flur einer Berliner Hochschule sprach mich, als ich

9 Konklave geheimnisvoll • unberechenbar • erleichternd

während eines **Konklaves** einmal etwas verloren in der Nähe der Tür stand, ein vorbeigehender Herr grinsend an: »Na, rausgeflogen?« – »Irgendwie schon«, dachte ich.

Jetzt sind die Lernenden am Zug! In ihren Händen liegt es, was sie tun, wie sie vorgehen – und auch, wie lange sie brauchen. In einem Kurs im Schloss Weiterdingen schickte ich einmal die 7 Teilnehmenden ins **Konklave**. Und die nahmen die Herausforderung sehr ernst, sich zu einigen. Ewig saß ich auf dem Gang. Bis ich es schließlich nicht mehr aushielt. »Was machen die bloß da drin?« – »Und was um Himmels willen wird aus meinem Zeitplan?« Ich klopfte also, öffnete die Tür – und erntete böse Reaktionen. Ich hatte gegen meine selbst aufgestellte Spielregel verstoßen! Beim **Konklave** sind es die Kardinäle, die entscheiden, wann sie fertig sind. Niemand sonst! Die Methode ist also ganz nebenbei eine gute Übung für alle diejenigen unter uns Lehrenden, denen es bisweilen schwerfällt, die Lernenden alleine machen zu lassen …

Bei dieser Methode müssen wir die Leitung abgeben – und das auf unbestimmte Zeit. Fordern Sie die Teilnehmenden und sich selbst also besser nicht zum **Konklave** heraus, wenn Sie mit Ihrem Kurszeitplan unter Druck stehen. Aber nicht nur für uns als Lehrende hat die Methode **Konklave** ihre aufregenden Seiten. Auch für die Lernenden steckt darin gleich eine zweifache Herausforderung: Sie sind fachlich und sozial gefordert.

Fachlich: Jetzt gilt es, ohne Unterstützung eines oder einer Lehrenden, eine Aufgabe zu lösen. Voraussetzung für ein gutes Gelingen ist ein klarer Auftrag. Natürlich darf und soll die Aufgabe Spielräume lassen – aber das Ziel sollte hinreichend klar sein. Es wird für die Lernenden sehr mühsam, wenn sie darüber lange spekulieren müssen. Beim **Konklave** ist ja auch klar, was zu tun ist: einen Papst wählen! Gut also, wenn Sie die Aufgabenstellung vorher gründlich durchdenken und dann für alle Lernenden gut sichtbar visualisieren. So, dass sich die Teilnehmenden auch in der Abgeschiedenheit des **Konklaves** ohne Ihre Unterstützung daran orientieren können.

Charakter und Ziel der Aufgabe können natürlich sehr vielfältig sein. Beim Marketingkurs im Beispiel war es eine Fallaufgabe. Viele weitere Munterrichtsmethoden eignen sich ebenso:

- Die Teilnehmenden erhalten eine Sortieraufgabe mit dem Ziel, eine gemeinsame Lösung zu finden (**Drehen und Wenden**, Methode 16, Band 1).

9 Konklave geheimnisvoll • unberechenbar • erleichternd

- Die Teilnehmenden sollen zu 10 Aussagen eine gemeinsame Haltung finden (**Stimmt's oder stimmt's nicht?** Methode 6, Band 2).
- Die Teilnehmenden sollen ein kreatives Problem gemeinsam lösen (z. B. mit **Schema X**, Methode 11, Band 1).

Und viele weitere Aufgaben bzw. Wege sind möglich.

Wichtig bei der Aufgabenstellung ist einerseits, dass der Auftrag machbar ist, sonst wird es für die Gruppe schnell frustrierend. Auf der anderen Seite aber muss die Herausforderung auch so ambitioniert sein, dass die Kardinäle durchaus ein wenig ins Schwitzen kommen.

Sozial: Auch hinsichtlich ihres Sozialverhaltens sind die Lernenden – so ganz auf sich gestellt – gefordert.

Ohne Sie als Leitung müssen sie rasch klären, wer die Gruppe jetzt führt, wer zuarbeitet, wer korrigierend eingreift. Aber auch, nach welchen Regeln die Entscheidungen gefällt werden. Einfache Mehrheit? Fehlen von laut gesagten Einwänden? Konsens? Anders als in Rom gibt es im jeweiligen Seminarraum keine jahrhundertealten, unumstößlichen Vorgaben. Das soziale Miteinander gelingt am reibungslosesten, wenn die Gruppe bereits eingespielt ist. Im Storming, der gruppendynamischen Phase der Rollen- und Positionsklärung, wende ich die Methode eher nicht an.

Sie merken: So ein **Konklave** kann für Aufregung in Ihrem Kurs sorgen. Für die Lernenden drinnen – und für Sie draußen auf dem Flur!

Oft wird es ganz feierlich, sobald die Teilnehmenden die Aufgabe gelöst haben. Wenn ein paar Kirchenleute im Kurs sind, tönt schon mal ein fröhliches »Habemus Papam« nach draußen. Und dann präsentieren die Kardinäle ihr Ergebnis.

10 Habt ihr sie noch alle? frech • bohrend • aufrüttelnd

Ziel:

Zentrale Inhalte des Stoffes erinnern und gleichzeitig erkennen, wie wichtig Wiederholen bzw. aktive Auseinandersetzung mit dem Stoff ist.

Kurz beschrieben:

Die Teilnehmenden erhalten einen A4-Bogen mit der Hauptfrage: »Habt ihr sie noch alle?« Wiedergefunden werden sollen zu einem Thema zentrale Punkte, die im Kurs zuvor behandelt wurden. Zum Beispiel die 6 Anspruchsvoraussetzungen zum Bezug einer Witwenrente. Die Lernenden sind herausgefordert, sich zu erinnern und trainieren den Abruf der neu gelernten Informationen.

Material:

Papier, Stifte, evtl. eine vorbereitete Kopie mit Slogan zum Sammeln.

Dauer:

Erklärung: 1 Minute
Erinnern und Notieren: 3 Minuten
Austausch: 3 Minuten

Vorbereitung:

Vollständige Antwortsammlung für sich parat haben.

»Habt ihr sie noch alle?« – mit dieser frechen Frage sprachen 2 Ausbilder der Deutschen Rentenversicherung Bund die Teilnehmenden am Ende ihres Übungsunterrichts in der Trainerausbildung an. Eine Stunde lang hatten die beiden in die wesentlichen Voraussetzungen zum Bezug einer Witwenrente gemäß § 46 SGB VI eingeführt. Jetzt verteilten sie einen Bogen Papier und baten uns, ohne Blick in die Aufzeichnungen die 6 Anspruchsbedingungen zusammenzutragen.

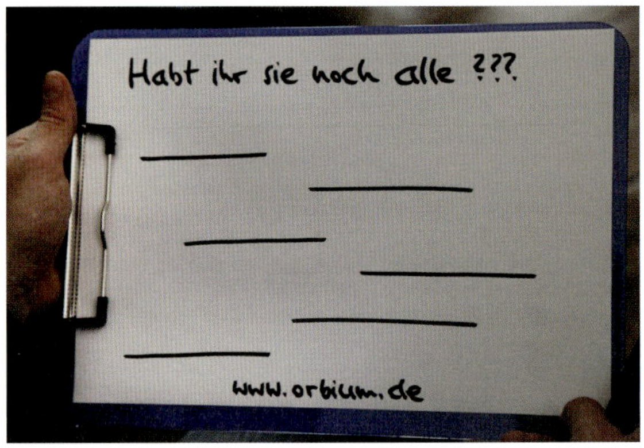

Uff! Wir Lernenden atmeten tief durch und blickten einander hilfesuchend an. Zwar hatten wir eine Stunde lang interessiert zugehört und mitgemacht. Aber die Anspruchsbedingungen jetzt mal eben aufschreiben, das war wirklich herausfordernd.

Während die anderen Teilnehmenden sich über ihr Papier beugten, dachte ich wie vielleicht die meisten anderen auch: »Ihr beide habt sie ja wohl nicht alle!«

Aber dann plötzlich dämmerte es mir: **Habt ihr sie noch alle?** das ist doch eine super Methode! Auf denkbar einfache Weise, gewürzt mit einem Wachma-

10 Habt ihr sie noch alle?

frech • bohrend • aufrüttelnd

cher, fordert sie die Lernenden auf, die wesentlichen Punkte des Lernstoffs zu erinnern.

Schon wenige Tage später begann ich, damit zu experimentieren. Bei jedem Munterrichtsmethodenseminar stelle ich gleich zu Beginn die zentralen Prinzipien der Methoden vor, so wie auch in diesem Buch in Kapitel 1. Das ist wichtig, damit alle den didaktischen Hintergrund gut einordnen können. Meist passiert das gleich am Morgen. Nur 2 oder 3 Stunden später – noch vor dem Mittagessen, bat ich die Teilnehmenden der Methodenkurse nun, einfach mal eben zwischendurch zu prüfen, ob sie noch alle Prinzipien »haben«. Ich erzählte ihnen von der frechen Frage der Ausbilder der Deutschen Rentenversicherung Bund, verteilte einen Sammelbogen und bat sie, die 6 Prinzipien aufzuschreiben.

In fast allen Kursen war das Ergebnis ähnlich: Den Teilnehmenden fiel es unheimlich schwer, sich an alle Prinzipien zu erinnern. Manche fanden mit Mühe 2 oder 3. Und erst gemeinsam mit der Gruppe gelang es, die Mehrzahl der Punkte zusammenzutragen. Für viele der teilnehmenden Lehrenden, insbesondere für die an den Hochschulen, war diese Erfahrung ein Aha-Erlebnis. Da saßen sie, hatten mir morgens sehr aufmerksam zugehört. Und konnten doch wenige Stunden später die paar völlig unkomplizierten Prinzipien nur spärlich erinnern. Häufig äußerten sich einige ganz bestürzt: »Ich wundere mich immer wieder, wie wenig die Studierenden von dem, was ich erzähle, erinnern. Ehrlich gesagt, denke ich manchmal, die sind einfach doof. Ich erkläre die Sachen doch gut verständlich. Und die können sich oft schon im Laufe des Semesters nicht mehr erinnern. So wie ich gerade. Sie haben die Prinzipien ja heute Morgen sehr anschaulich vorgestellt. Ich habe Ihnen wirklich zugehört, wir haben sogar gelacht und waren in positiver Stimmung. Und dennoch habe ich mit Müh und Not (und Abgucken bei den Nachbarn) nur 4 Prinzipien gefunden!«

Ich musste dann immer wieder an die Worte meines Didaktikprofessors an der Technischen Universität in Berlin denken. Herr Döring sagte gerne: »Durch Zuhören alleine lernt man überhaupt nichts!« Und er plädierte dafür, den Lernenden immer wieder das »Ausatmen« zu ermöglichen. Erst da, so sagte er, passiere das Lernen! In der Regel reiche es – vor allem bei neuen und fremden Inhalten – nicht, die Dinge nur einmal gehört zu

10 Habt ihr sie noch alle? frech • bohrend • aufrüttelnd

haben. Wir müssten uns mehrfach und aktiv mit ihnen beschäftigen. »Ein- und Ausatmen« eben! Und dann ergänzte er gerne: »Das Gleiche gilt auch für das Lesen. Durch Lesen allein lernt man überhaupt nichts!«

Liebe Leserin, lieber Leser, Sie ahnen, was Sie erwartet? Vorn in diesem Buch haben Sie von den Prinzipien gelesen. Halt! Nicht suchen jetzt! Ich habe nur kurz eine freche Frage an Sie: **»Haben Sie die noch alle?«**

Schnappen Sie sich einen Stift und schauen Sie, wie viele der Prinzipien Sie – ohne zu blättern! – noch zusammentragen können.

Wie ist es Ihnen ergangen? Haben Sie noch alle Prinzipien gefunden? Schlagen Sie nun gerne das Inhaltsverzeichnis auf und schauen Sie nach. Wahrscheinlich blicken Sie jetzt noch einmal ganz bewusst auf die Prinzipien. Denn plötzlich haben Sie ja ein ganz konkretes Interesse: die Prinzipien dort mit Ihrer Sammlung zu vergleichen. Zu schauen, welche noch dabei waren. Und schon beschäftigen Sie sich noch einmal mit den Prinzipien. Und ich als Autor freue mich darüber!

Die 6 Munterrichtsprizipien	
1	
2	
3	
4	
5	
6	

10 Habt ihr sie noch alle? frech • bohrend • aufrüttelnd

Habt ihr sie noch alle? ist eine ganz einfache Methode, mit der wir die Aufmerksamkeit der Lernenden noch einmal auf zentrale Inhalte unserer Kurse lenken können. Durch die Erinnerungsaufgabe wird mit geringem Aufwand in kurzer Zeit allen bewusst: »Das ist wichtig!«, »Darauf kommt es an!«, aber auch auf der Metaebene: »Wenn ich dies nicht wiederhole, mich nicht aktiv damit beschäftige, dann ist es so gut wie jetzt schon verflogen – und die aufwendigen Seminarstunden sind vergeudet!« Ich moderiere die Sache mit der schönen Frage **Habt ihr sie noch alle?** auch gerne etwas frech an. Und ganz wichtig: Ich erwähne immer, dass es ganz natürlich ist, nicht auf Anhieb alles zu erinnern. Dass ich genau deshalb so nachfrage: um das Lernen zu ermöglichen – durch Ausatmen!

11 Erklären Sie's Herrn Paul!

zusammenfassend • integrierend • zügig

Ziel:

Wesentliche Lerninhalte zusammentragen und fokussiertes Fazit ziehen. Einen interessierten (oder fiktiven) Gast oder verspätete Teilnehmende informieren bzw. integrieren.

Kurz beschrieben:

Die Lernenden erklären am Ende eines Kurses einem interessierten Gast, zum Beispiel dem Auftraggeber, was sie im Seminar gelernt haben. Sie wenden sich reihum mit dem Satz an ihn: »Lieber Herr Paul (oder welches sein richtiger Name ist), wären Sie in diesem Kurs heute mit dabei gewesen, dann hätten Sie gelernt …« So lange, bis alle wesentlichen Inhalte aufgefrischt sind. Ist kein interessierter Besucher zu greifen, kann auch ein fiktiver Gast eingeführt werden. Beispielsweise ein Kollege, der leider nicht dabei sein konnte, sich aber sehr für die Essenz des Kurses interessiert. Sehr geeignet auch zur Integration von zu spät gekommenen Teilnehmenden.

Material:

Ein zusätzlicher freier Stuhl, für die »fiktive Variante« außerdem evtl. Jacke, Tasche, Schal …

Dauer:

Erklären und Gast einführen: 2 Minuten
Gast informieren: 5 Minuten

Vorbereitung:

Mögliche Gäste ansprechen, Termin vereinbaren.

Bei einem Train-the-Trainer-Kurs hatte Herr Paul, unser Auftraggeber, den Wunsch, bei der Auswertungsrunde des Seminars dabei zu sein. In der letzten halben Stunde wollte er dazukommen, um einen Eindruck zu gewinnen und direkte Rückmeldungen der Teilnehmenden zu erhalten. Kurz vor Schluss stand er also im Raum, der Herr Paul. An sich ein gutes Anliegen. Ich freue mich, wenn sich die Auftraggebenden für die Kurse, die wir durchführen, interessieren. Dass in den letzten Minuten plötzlich ein »Fremder« dabeisitzt, wirkt aber manchmal ein wenig bemüht. Ihn zu integrieren, das fällt bisweilen gar nicht so leicht. Und manchmal hemmt es die Lernenden, sich frei zu äußern. Das ist gerade am Schluss schade, wenn es darum geht, ein Fazit zu ziehen: zum Seminar und vor allem zum persönlichen Lerngewinn.

Nun war Herr Paul aber da. Ich war in tendenziell übermütiger Stimmung an diesem Nachmittag. Das kommt immer mal wieder vor, wenn es auf das Kursende zugeht. Und so nahm ich, ohne groß zu überlegen, einen Stift und schrieb ans Flip-Chart: »Lieber Herr Paul, wären Sie gestern und heute hier mit dabei gewesen, dann hätten Sie gelernt …« Neben

11 Erklären Sie's Herrn Paul! zusammenfassend • integrierend • zügig

das Flip-Chart stellte ich einen freien Stuhl und bat Herrn Paul, dort Platz zu nehmen.

Dann wandte ich mich an die Gruppe: »Unsere Lernzeit geht zu Ende. Zum Abschluss haben wir Besuch bekommen. Herr Paul ist da. Er hat uns gestern Morgen hier begrüßt. Nun ist er neugierig, was Sie hier gelernt haben. Leider konnte er an unseren beiden Kurstagen nicht dabei sein. Um dies ganz schnell aufzuholen, bekommt er von uns jetzt eine Kurzzusammenfassung der wesentlichen Inhalte. Meine Bitte an Sie alle: Überlegen Sie, was Herr Paul gestern und heute verpasst hat. Wer eine Sache gefunden hat und sagen möchte, beginnt einfach und wendet sich an unseren Gast. Sprechen Sie ihn direkt an. Am besten, Sie starten mit diesem Satz am Flip-Chart hier: ›Lieber Herr Paul, wären Sie gestern und heute mit dabei gewesen, dann hätten Sie gelernt …‹ So bekommt Herr Paul einen schnellen Überblick. Und für uns ist es ganz nebenbei eine prima Wiederholung. Alles klar?«

Nach wenigen Augenblicken begann Karin. Sie lächelte Herrn Paul an und sagte: »Lieber Herr Paul, wären Sie gestern und heute mit dabei gewesen, dann hätten Sie gelernt, worauf es beim Erklären ankommt. 5 Verständlichmacher sind wichtig: Einfachheit, Gliederung und Ordnung, Kürze und Prägnanz, äh – Stimulans und das Sprechdenken.«

Herr Paul nickte. Und Christian fuhr fort: »Lieber Herr Paul, wären Sie gestern

und heute mit dabei gewesen, dann hätten Sie gelernt, wie wir im Training für Gliederung und Ordnung sorgen können. Sie hätten zum Beispiel trainiert, wie man mit einer Fachlandkarte einen raschen Überblick für die Lernenden geben kann.«

So ging es weiter und weiter, bis alle Inhalte benannt waren. Und ich saß zufrieden grinsend dabei. Warum? Weil mir Herr Paul plötzlich ein ganz willkommener Gast war: Ihn zu informieren war ein guter Anlass für die Teilnehmenden, das Gelernte noch einmal wiederzugeben. »Auszuatmen« also! Das Gute daran: Es war ein wirklicher Anlass, kein von mir konstruierter. Da war ja wirklich einer, der es wissen wollte. Und das war an der Qualität der Beiträge deutlich spürbar. Die Lernenden atmeten den gesamten Stoff unseres Seminars ziemlich gründlich aus. Sie brachten die wesentlichen Inhalte noch einmal auf den Punkt. Und auch Herr Paul war zufrieden: »Das war ja sehr lehrreich für mich«, sagte er und lobte die Teilnehmenden.

Eine Woche später folgte für mich ein anderes Seminar in einer anderen Stadt. Herr Paul fehlte! Ich hatte mich schon daran gewöhnt … Ich musste mich also auf die Suche machen. In Wien fand ich Herrn Stieger, in Zürich Frau Wetter. Immer öfter bat ich die Auftraggebenden, am Ende kurz dazuzukommen. Bisweilen auch einen Assistenten, die Köchin des Hauses oder irgendjemanden, den oder die ich in der näheren Umgebung auftreiben und überzeugen konnte. Eine Person, der die Teilnehmenden berichten konnten, was sie hier im Kurs gelernt hatten. Sowohl unseren Gästen als auch den Teilnehmenden machte das Spaß und bescherte uns einen schönen Kursabschluss.

Nicht immer aber gelang es mir, im rechten Moment einen willigen Besucher aufzutreiben. Weil mir die neue Methode aber so gut gefiel, musste eine Lösung her. Die fiktive Variante von **Erklären Sie's Herrn Paul!** entstand. Wieder stellte ich einen Stuhl neben das Flip-Chart mit dem Einleitungssatz an Herrn Paul darauf. Über die Stuhllehne hing ich meine Jacke, neben den Stuhl stellte ich meine Tasche und erklärte den Teilnehmenden: »Sie sehen, wir haben zum Abschluss Besuch bekommen. Herr Paul ist ein Kollege von Ihnen. Er konnte leider im Seminar nicht dabei sein und erst jetzt auf den letzten Metern zu uns stoßen. Ich bitte Sie, Herrn Paul darüber zu informieren, was er hier bei uns verpasst hat. Sprechen Sie ihn direkt an. Wer Lust hat anzufangen, kann jetzt beginnen.«

Das »Vor Augen stellen« ist eine ganz einfache rhetorische Figur. Man tut einfach so, als ob die beschriebene Person im Raum säße. Mit entsprechender Gestik, etwas überzeugendem Ernst und ein paar wenigen Requisiten geht das ganz prima. Uns schwupps, ist er da, der Herr Paul.

Das Schöne an der fiktiven Form: Herr Paul kann vielfältige Rollen einnehmen.

- Ein interessierter Kollege, der den Kurs leider verpasst hat und wissen will, was gelernt wurde.
- Ein zweifelnder Kollege, der sehr unsicher ist, ob der hier gelernte Ansatz überhaupt funktioniert, und der überzeugt werden möchte.
- Ein Kollege, der sich interessiert, worauf genau es bei der Bewältigung der neuen Aufgabe ankommt.
- Ein unsicherer Kollege, der sich Empfehlungen für die Arbeit wünscht.

Es gibt noch viel mehr Möglichkeiten, Herrn oder natürlich Frau Paul vorzustellen. Noch eine weitere Variante entstand im Laufe der Zeit. Immer wieder kommt es im Seminaralltag vor, dass Teilnehmende mit großer Verspätung zum Kurs kommen. Da trudelt Frau Müller gegen 13 Uhr ein. Und jetzt überlegen Sie, wie Sie diese Frau Müller integrieren und für den Nachmittag fit machen können. Das konnte für mich früher bisweilen wirklich nervig sein. Inzwischen freue ich mich über solche verspäteten Ankömmlinge. Und nutze sie als Anlass für einen Blitzbericht unter dem Motto: »Was bisher geschah«. Ich bitte die anderen Teilnehmenden, für Frau Müller eine Kurzzusammenfassung der wesentlichen Inhalte zu geben. Jeder sagt beispielsweise nur einen Satz. Nach wenigen Minuten ist Frau Müller fürs Erste ganz gut informiert. Alle Teilnehmenden haben die bisherigen Ergebnisse noch einmal kurz und prägnant zusammengefasst. Und ich sehe, wie gut die Dinge verstanden wurden und wie präsent sie noch sind. Dann geht's weiter – jetzt mit Frau Müller an Bord …

12 Links und rechts

unkompliziert • variantenreich • arbeitsteilig

Ziel:

Spannung wecken und Aufmerksamkeit auf Unterschiede und Gegensätze im Thema lenken. Kleine Aufgaben bearbeiten.

Kurz beschrieben:

Die Lernenden werden ganz unkompliziert in 2 Untergruppen eingeteilt. Linke Hälfte, rechte Hälfte. Oder Türseite und Fensterseite. Die beiden Teilgruppen beschäftigen sich nun arbeitsteilig mit unterschiedlichen, oft gegensätzlichen Fragen, Themen, Aufgaben. Die linke Seite schaut im Buchführungskurs zum Beispiel auf die Passiva, die rechte auf die Aktiva. Bei Gruppen mit wenigen Teilnehmenden kann jede Seite in einem Team gemeinsam arbeiten. In Großgruppen tun sich die jeweiligen Nachbarn zusammen. Nach kurzer Denk- und Arbeitszeit berichten die Teams der beiden Gruppen über ihre Ideen und Ergebnisse.

Material:

Keines

Dauer:

Ganz flexibel

Vorbereitung:

Fragen und Aufgaben ausdenken.

Ich gehe gerne ins Kabarett, am liebsten ins politische. Es gefällt mir, wie die Kabarettisten mit der aktuellen Tagespolitik spielen. Und: Ich schaue mir gerne an (und bisweilen auch ab), wie die Schauspieler das Publikum einbinden, fesseln, aktivieren. Ihre Aufgabe ist der von uns Lehrenden in mancher Hinsicht ähnlich. Auch sie müssen die Aufmerksamkeit lenken, Denkprozesse auslösen und die Leute begeistern. Und sie lösen das oft sehr elegant!

Die Methode **Links und rechts** habe ich mir von einem Kabarettisten abgeschaut. Sie funktioniert ganz einfach. Mitten im Programm – gerade als sich erste Längen entwickeln hätten können – teilte der Kabarettist das Publikum in 2 Gruppen ein und erklärte: »Ihr alle, die ihr hier auf der linken Seite des Ganges sitzt, ihr stellt euch jetzt vor, CSU-Wähler zu sein. Bayerische Mautverfechter und Herdprämienfans. Klar? Und ihr hier drüben auf der rechten Seite des Mittelgangs, ihr seid der Fundiflügel der GRÜNEN. Veggiday die ganze Woche und so. Volles Öko-Wollsocken-Programm eben!«

Schon diese Zuschreibung der beiden Gruppen löste etwas aus: Alle waren wach und man sah seine Nachbarn und Nachbarinnen mit ganz neuen Augen. Und war gespannt, was da jetzt gleich kommen würde!

12 Links und rechts

unkompliziert • variantenreich • arbeitsteilig

Über eine längere Strecke spielte der Kabarettist nun mit den beiden Gruppen. Er stellte rhetorische Fragen an die GRÜNEN, foppte die CSU'ler, gab uns Denkaufgaben, grenzte uns voneinander ab, suchte Gemeinsamkeiten und wiegelte uns gegeneinander auf. Er hatte 2 politische Lager geschaffen. Die Zeit verging wie im Flug. Und wir Zuschauer waren extrem wach bei der Sache!

Mich hat das fasziniert: So eine Wirkung – durch eine so einfache Methode! Ich taufte sie **Links und rechts** und begann, Lerngruppen ganz unkompliziert zu teilen: Türseite und Fensterseite, links und rechts, vorne und hinten …

In unseren Lernstoffen wimmelt es von Gegensätzen, Unterschieden und Zweiteilungen, die sich so prima bearbeiten lassen.

Hier ein paar Beispiele:

- Im Ernährungsseminar erklärt der Dozent: »Heute beschäftigen wir uns mit 2 großen Nährstoffgruppen: mit Kohlenhydraten und Ballaststoffen. Sie hier drüben sind die Kohlenhydrate. Überlegen Sie, in welchen Nahrungsmitteln Sie besonders hoch dosiert vorkommen. Sie auf der anderen Seite sind Ballaststoffe. Wo kommen Sie stark vor?«

12 Links und rechts unkompliziert • variantenreich • arbeitsteilig

- In einem Buchführungskurs könnte die Dozentin sagen: »Sie hier rechts sind heute die Passiva, Sie hier links die Aktiva. Berechnen Sie bei unserem Fall jeweils Ihren Posten.«
- In einem Strategietraining könnte der Trainer anleiten: »Sie hier an der Türseite vertreten die Vertriebsabteilung. Die Kolleginnen und Kollegen am Fenster sind die Leute aus der Produktion. Schauen Sie auf den Fall und überlegen Sie: Was sind Ihre Gedanken zu dem vorgesehenen Plan?«
- Bei Ansätzen, Modellen und Theorien kann die eine Seite auf die Vorteile, die andere auf die Nachteile blicken.

Nicht nur thematisch lässt sich **Links und rechts** an vielen Stellen einsetzen. Auch methodisch sind viele Varianten möglich:

- Bei kleinen Gruppen mit bis zu 12 Teilnehmenden können zu 2 Themen 2 größere Gruppen gebildet werden, deren Mitglieder über die Tische hinweg zu ihrer jeweiligen Thematik miteinander sammeln, diskutieren, rechnen.
- Bei größeren Gruppen können Sie die Teilnehmenden der beiden Seiten bitten, zu zweit, also mit einem Nachbarn oder einer Nachbarin, an der jeweiligen Frage zu arbeiten.
- Auch Einzelarbeiten auf den beiden Seiten sind möglich.
- Sie können Fragen stellen lassen, Texte zu der jeweiligen Seite lesen und bearbeiten lassen, Fälle lösen lassen. Das arbeitsteilige Verfahren spart oft wertvolle Seminarzeit! Es gibt viele mögliche Formen, die sich ganz unkompliziert einsetzen lassen.
- Sie können sich die Antworten zurufen lassen. Oder Sie lassen die Gruppen etwas erarbeiten und anschließend präsentieren. So, wie es eben gut zum Ziel und zu den Rahmenbedingungen passt.

Links und rechts lässt sich – oft ohne große Vorbereitungen – ganz einfach ins Seminarprogramm einflechten. Und das auch bei ganz großen Lerngruppen. Natürlich führt die Methode allein nicht zu ausgelassenem Vergnügen wie im Kabarett. Aber sie macht die Arbeit auch an trockenen Themen lebendig. Und sie erhöht die Chance, dass viele wach dabei bleiben …

13 Miss Marple

offen • aufregend • riskant

Ziel:

Interesse der Teilnehmenden am Thema wecken, Fragen der Lernenden aufgreifen, ihr Vorwissen aktivieren, ein Fachthema erarbeiten.

Kurz beschrieben:

Die Teilnehmenden haben die Aufgabe, in Partnerarbeit zum Seminarthema oder einem Teilthema 2 Fragen zu entwickeln: eine Basisfrage, die im Kurs auf jeden Fall beantwortet werden sollte, und eine knifflige Frage, die darauf zielt, in die Breite, Tiefe und in die Details des Themas zu gehen. Die Fragen werden anschließend beantwortet: durch Kurzvorträge, Einzel-, Partner- oder Gruppenarbeit.

Material:

Moderationskarten in 2 verschiedenen Farben, Stifte.

Dauer:

Erklärung: 3 Minuten
Formulierung der Fragen: 5 bis 10 Minuten
Beantwortung der Fragen: 30 bis 90 Minuten

Vorbereitung:

Keine

Methode 13 führt Sie in einen Politikkurs. Morgens um 10 Uhr, irgendwo in Deutschland. Unser Thema heute: »Das Bundesverfassungsgericht«.

Frau Hage, die Politikdozentin, wendet sich an die Lernenden:

»Guten Morgen. Schön, dass Sie da sind. Heute beginnen wir auf ungewöhnliche Weise. Ich werde etwas tun, was mir sehr schwerfällt. Ich werde Ihnen gleich eine Melodie vorsingen. Zu Ihrem und meinem Glück allerdings nur so lange, bis eine oder einer von Ihnen die Melodie errät. Rufen Sie einfach rein. Ich fange jetzt an!«

Es ist ganz still im Raum. Die Lernenden blicken Frau Hage überrascht, belustigt bis entsetzt an, als sie mit dünner Stimme singt.

Schon nach wenigen Takten ruft David: »Das ist Miss Marple!« Frau Hage ist erleichtert und erklärt:

»Danke, dass Sie das so schnell erraten haben, David. Ich bin sehr erlöst! Miss Marple war eine Erfindung von Agatha Christie. Vielleicht kennen Sie die alte Dame aus Büchern und Filmen. Gemeinsam mit ihrem ängstlichen Gefährten Mister Stringer ermittelte die taffe Britin in vielen Fällen. Eines konnten die beiden Herrschaften besonders gut: Fragen formulieren. Indem sie sich immer wieder detektivisch die richtigen Fragen stellten, lösten sie, zum Leidwesen des Kommissars, auch die kniffligsten Fälle. In unserem Politikkurs machen wir es heute wie Miss Marple und bilden Kommissarteams. Ich bitte Sie, jeweils zu zweit zusammenzukommen.«

13 Miss Marple

offen • aufregend • riskant

Über einen beliebigen flotten Weg wie Sitznachbarn, Aufstellen nach Geburtsdaten oder Los, sorgt Frau Hage dafür, dass rasch arbeitsfähige Paare entstehen. Wenn die gebildet sind, erklärt sie am Flip-Chart, wie es weitergeht.

»Die Kommissarteams stehen fest. Es kann also losgehen. Miss Marple konnte prima Fragen stellen. Das machen wir jetzt auch. Bitte formulieren Sie in jedem Team zu unserem heutigen Thema ›Das Bundesverfassungsgericht‹ 2 Fragen. Eine Basisfrage, also eine grundlegende Frage, die wir bei unserer Arbeit zum Bundesverfassungsgericht auf jeden Fall beantworten sollten.

Die Basisfrage schreiben Sie bitte auf eine grüne Moderationskarte. Und dann finden Sie bitte noch eine knifflige Frage. Eine Frage, die in die Tiefe, in Details geht, die vielleicht auch Experten ins Schwitzen bringen könnte.

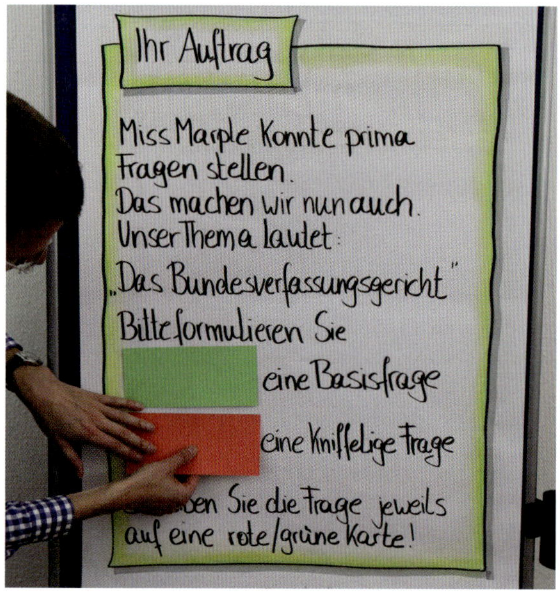

Diese Frage schreiben Sie bitte auf eine rote Karte. Ich versorge Sie gleich mit Karten und Stiften. Alles klar? Viel Spaß!«

Überlegen auch Sie, liebe Leserin, lieber Leser, bevor Sie umblättern: Welche Basisfragen und welche kniffligen Fragen fallen Ihnen zum Thema ein?

Ihre Ideen:

Basisfragen	knifflige Fragen

13 Miss Marple

offen • aufregend • riskant

Nach 5 bis 10 Minuten bittet Frau Hage die Teilnehmenden, zum Ende zu kommen.

»Ich bin neugierig auf Ihre Fragen. Wir beginnen mit den Basisfragen. Vielleicht fangen Sie hier an der Seite an? Welche Basisfrage haben Sie gefunden?«

Nun stellen die Teams ihre Basisfragen vor. Hier ein paar Beispiele:

- Wo hat das Bundesverfassungsgericht seinen Sitz?
- Welche Aufgaben hat das Bundesverfassungsgericht?
- Wer kann sich an das Bundesverfassungsgericht wenden?
- Mit welchen Fällen beschäftigt sich das Bundesverfassungsgericht?
- Wie viele Richter und Richterinnen arbeiten dort?
- Seit wann gibt es das Bundesverfassungsgericht?

Eine schöne Sammlung kommt da in der Regel zusammen. Meist sind es lauter Fragen, die wir in unserem Politikkurs auf jeden Fall bearbeiten sollten. Ganz grundlegende Fragen zum Thema eben. Äußerst selten erlebe ich, dass hier – ganz gleich bei welchem Fachgebiet – Fragen gestellt werden, mit denen ich als Dozent bei diesem Thema nicht gerechnet hätte.

In der Regel ist es ja so, dass wir als Lehrende bei der Kursvorbereitung genau das machen, was die Lernenden auf dem Miss-Marple-Weg auch tun. Wir machen uns auf die Suche nach den Leitfragen und überlegen, wie wir sie später im Seminar gut erarbeiten können. In diesem Fall sind es die Fragen von uns Lehrenden, mit denen wir auf die Lernenden zugehen. Bei der Miss-Marple-Variante stellen die Teilnehmenden die Fragen. Ein kleiner, aber bedeutender Unterschied, den ich oft an der Energie im Raum erspüren kann. »Na, wie ist es denn jetzt? Die Antwort zu unseren Fragen bitte!«

Oft bitte ich die Lernenden, die grünen Karten mit den Basisfragen an die Pinnwand zu hängen. Dann finden wir gemeinsam eine schlüssige Reihenfolge und bearbeiten sie. Dafür gibt es viele Wege:

- Wir können schauen, was die Lernenden selbst schon wissen und sich gegenseitig erklären können.
- Wir können in Gruppen recherchieren.
- Oder ich als »Experte« kann etwas zu den Fragen erklären.

Damit das gut gelingt, ist eines ganz wichtig: Mit den Fragen bei **Miss Marple** ist es – wie so häufig, wenn wir

13 Miss Marple

offen • aufregend • riskant

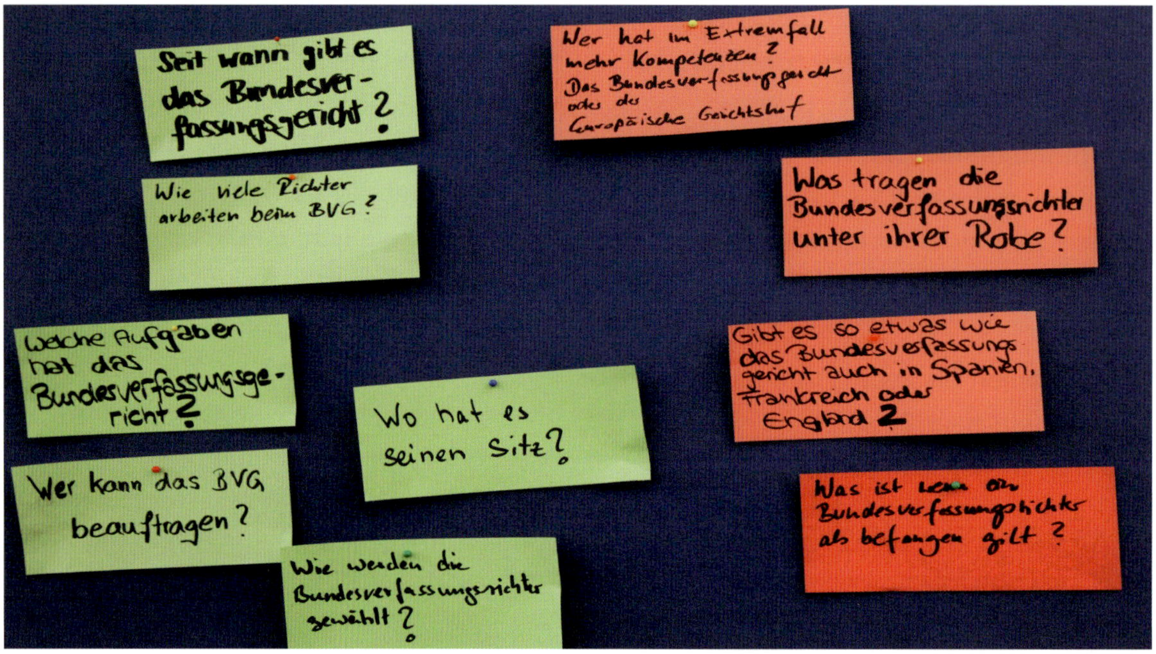

Teilnehmende Fragen formulieren oder Erwartungen benennen lassen – ein wenig wie mit Goethes Ballade vom Zauberlehrling und seinen schlimmen Erfahrungen: »Die Geister, die ich rief, werd' ich jetzt nicht mehr los!« Begrenzen Sie also die Anzahl der Fragen in jedem Fall. Ansonsten wird es unheimlich mühsam – wodurch der schöne, belebende Überraschungseffekt vom Anfang schließlich wieder zunichte gemacht würde. 5 bis 7 Basisfragen insgesamt reichen vollkommen aus. Bei größeren Gruppen bilden Sie einfach größere Teams. Oder der eine Teil der Paare bzw. Teams hat die Aufgabe, Basisfragen zu formulieren, die anderen kümmern sich um die kniffligen Fragen.

Mit den kniffligen Fragen geht's jetzt weiter. Wieder bittet Frau Hage die Teilnehmenden, reihum ihre Fragen vorzustellen.

- Gibt es so etwas wie das Bundesverfassungsgericht auch in England, Frankreich, Spanien?
- Wie viele Leute arbeiten im Bundesverfassungsgericht?
- Was tragen die Bundesverfassungsrichter unter ihrer Robe?
- Wer hat im Extremfall mehr Kompetenzen: das Bundesverfassungsgericht oder der Europäische Gerichtshof?

Immer wieder mache ich ähnliche Beobachtungen, wenn die Teilnehmenden ihre kniffligen Fragen nennen: Je

13 Miss Marple offen • aufregend • riskant

diffiziler die Fragen sind, desto größer die Freude der Lernenden. Unbändiges Vergnügen bereitet es den Leuten, wenn sie merken, dass sie mich als Lehrenden mit ihren Fragen an Grenzen bringen, dass ich sie nicht werde aus dem Stand beantworten können.

Ganz klar: Mit der Methode **Miss Marple** sollten Sie nur dann arbeiten, wenn Sie selbst fest im Thema stehen. Die offene Herangehensweise kann auch für Sie als Profi das Lehren wieder richtig spannend machen, gerade bei Themen, die Sie immer und immer wieder unterrichten. Da wird es auf dem Weg zum Seminar schon aufregend: »Was kommt da heute?«, »Welche kniffligen Fragen werden die Lernenden stellen?«, »Werde ich sie beantworten können?« Nicht alles zu wissen, macht auch Sie, den Profi, für die Teilnehmenden menschlich. Und es zeigt: Wir lernen hier gemeinsam, alle miteinander! Ich freue mich immer mit den Teilnehmenden, wenn ich Fragen nicht beantworten kann. Entweder wir recherchieren dann gemeinsam, oder ich mache mich bis zum nächsten Kursteil auf die Suche. Einmal stand eine Teilnehmerin am nächsten Tag mit verschränkten Armen vor der Tür des Seminarraumes, fixierte mich mit provozierendem Blick und fragte noch vor einem Morgengruß: »Und – haben Sie's rausgekriegt?« Wow – wie toll. Die Frau ist neugierig auf unser Thema!

13 Miss Marple

offen • aufregend • riskant

Für welche Themen ist die Methode **Miss Marple** geeignet? Im Grunde für nahezu alle Fach- und Verhaltensthemen. Versuchen Sie's doch einfach mal und schauen Sie, wie leicht es Ihnen gelingt, zu den folgenden Themen Fragen zu entwickeln:

- Muskelaufbau
- Dieselmotoren
- Schwierige Situationen im Verkaufsgespräch

Hilfreich ist es, wenn Sie die Themengebiete ein wenig eingrenzen. Im Politikkurs also nicht mit dem Grundthema »Das politische System der Bundesrepublik Deutschland« arbeiten, sondern mit dem Teilthema »Das Bundesverfassungsgericht«. Ist das Thema zu breit, gehen auch die Fragen in entsprechend vielfältige Richtungen. Da wird es dann manchmal schwierig, den roten Faden wiederzufinden.

Gut geeignet ist die Methode auch bei der Arbeit mit Teilnehmenden, die im 3. oder 7. Zeitmanagementkurs ihrer Karriere sitzen. **Miss Marple** eignet sich dann gleich zum Einstieg: Die für manche »öden« Basisfragen bekommen eine Berechtigung, wenn man erlebt, dass die Unerfahreneren diese Fragen tatsächlich (noch) haben. Vor allem aber erfahren Sie ganz schnell, was die Teilnehmenden als knifflig und herausfordernd erleben.

Kurzer Exkurs zum Singen:

Vielleicht fragen Sie sich, warum um Gottes willen zum Einstieg in diese Methode – zumal in einem seriösen Politikkurs – eine Melodie vorgesungen werden soll. Da ich selbst alles andere als ein begnadeter Sänger bin und mein Herz beim Vorsingen immer wild schlägt, stelle ich mir diese Frage auch regelmäßig. Warum ich trotzdem singe? Weil es etwas bewirkt! Weil es die Leute überrascht, irritiert, wachrüttelt und sie es so schnell nicht wieder vergessen! (Und das sicher umso mehr, je schlechter ich singe …)

Klaus Hellermann, Hochschuldidaktiker an der Universität Bochum, antwortete mir auf die Frage, was wir methodisch in Großveranstaltungen tun können, unter anderem: »Sorgen Sie immer wieder für Unerwartetes, überraschen Sie die Leute!« Meine Erfahrung ist, dass dies nicht nur für große Gruppen gilt. Bisweilen zu irritieren, zu überraschen, aus der gewohnten Spur zu treten, weckt die Aufmerksamkeit der Lernenden. Und dieser Zustand ist eine gute Ausgangslage für gelingende Lernprozesse.

Singen ist eine Möglichkeit. Es gibt viele weitere. Sie können also – auch bei Methode 13 – ebenso gut ohne Gesangseinlage zum Ziel kommen … Und wenn Sie doch singen, muss es nicht Miss Marple sein. Je nach Teilnehmerkreis gibt's bei mir auch »James Bond« oder »Tatort«.

14 Blitzberatung

schnell • effektiv • vielseitig

Ziel:

Zentrale Schlüsselfragen effektiv bearbeiten und Lösungen entwickeln. Kreativität hervorlocken.

Kurz beschrieben:

In der Blitzberatung werden 3 bis 5 bisher unbeantwortete Fachfragen durch die Gesamtgruppe beantwortet. Jede Frage steht auf einem Flip-Chart-Bogen, darunter ist viel Platz für Ideen und Antworten. Die Teilnehmenden haben nun die Aufgabe, in kurzer Zeit (7 Minuten reichen in der Regel aus) Antworten auf den Bögen zu notieren. Sie sind aufgefordert, sowohl nach nahe liegenden als auch nach verrückten, überraschenden Gedanken zu suchen. Anschließend stellen die Teilnehmenden ihre Ideen vor. Es folgt zu jedem Bogen – also zu jeder Frage – ein kurzes Gespräch.

Material:

Flip-Chart-Bögen, Kreppklebeband, Stifte für alle Teilnehmenden.

Dauer:

Vorbereitung ggf. während der Seminarzeit: 12 Minuten
Erklärung: 3 Minuten
Ideen sammeln und notieren: 7 Minuten
Vorstellen der Ideen: pro Frage ca. 3 bis 10 Minuten

Vorbereitung:

Fragen auswählen, formulieren und visualisieren, Blitzberatungsbögen gestalten.

Vielleicht kennen Sie diese Situation: Bei Seminarbeginn haben Sie die Teilnehmenden nach ihren Erwartungen an den Kurs befragt. Zu Ihrer Freude wurden zahlreiche Anliegen und Fragen zum Thema genannt. Das ist eine prima Ausgangslage – die Lernenden haben konkretes Interesse am Thema. So lässt sich gut arbeiten.

Doch gegen Ende des Kurses merken Sie, dass Ihnen die Zeit davonläuft. Nicht weil Sie mit der Gruppe gebummelt hätten – Sie haben wirklich viel geschafft. Aber es sind einfach noch zu viele Fragen offen. Und jetzt überlegen Sie, wie es Ihnen in der verbleibenden Zeit noch gelingen kann, möglichst viele der offenen Fragen zu bearbeiten. Die **Blitzberatung** bietet eine schöne Möglichkeit.

Ich selbst nutze sie häufig in Didaktikworkshops, wenn ich genau in dieser Situation stecke. Oft am Nachmittag: nur noch gut 90 Minuten Seminarzeit – und immer noch viele offene Fragen. Rasch schlage ich jetzt den Pfad der **Blitzberatung** ein:

»So, liebe Leute, wir haben viel geschafft. Und dennoch sind einige drängende Fragen unbeantwortet. Wir werden uns ihnen gleich widmen. Damit das gut gelingt, brauche ich eine kleine

14 Blitzberatung schnell • effektiv • vielseitig

Umbauzeit. Ich werde mich nicht um Sie kümmern können. Beschäftigen Sie sich selbst – geben Sie mir 11 Minuten.«

Dankbar nutzen die Teilnehmenden die unverhoffte Pause.

Und ich lege los. Mein erster Blick geht auf die Karten mit den Fragen der Teilnehmenden. Die Fragen, die sie zu Beginn des Kurses benannt hatten. Am Mittag hatte ich Erledigtes schon markiert – so geht es jetzt schneller. Ich schaue, welche noch ungeklärt sind, und überlege, welche von diesen oder welche weiteren Fragen aus meiner Sicht für die Teilnehmenden die größte Bedeutung haben. 3 bis 5 Fragen wähle ich aus. Im Fall des Didaktikkurses beispielsweise diese 3:

- Was tun, wenn keiner antwortet?
- Wie kann ich die Leute in großen Gruppen (mehr als 60 Leute) aktivieren?
- Wie bringe ich die Studierenden dazu, bis zum nächsten Termin die Texte zu lesen?

Manchmal muss ich die Fragen ein wenig umformulieren. So, dass sie sich nachher bei der **Blitzberatung** auch gut bearbeiten lassen. Wichtig dabei ist, dass es offene Fragen sind, die einen Antwortspielraum geben.

Jetzt schnappe ich mir Flip-Chart-Bögen und schreibe darauf jeweils oben eine der Fragen. Auf jedem Chart muss viel Platz für die Ideen der Teilnehmenden bleiben. Darunter setze ich links am Rand flott 5 schwarze Vierecke – als vorbereitete Gliederungszeichen für die Ideen. Dann noch ein rotes Dreieck und einen grünen Kreis. Was es damit auf sich hat, werden Sie gleich erfahren. Die 3 Flip-Charts hänge ich im Raum verteilt auf. An Pinnwänden, Türen und freien Flächen. So, dass man gut davor stehen und schreiben kann. Einen Blanko-Bogen hänge ich noch zusätzlich auf. Ohne Frage – nur mit den 7 Gliederungszeichen für die Ideen.

Jetzt noch ein Schluck Wasser – und die Blitzvorbereitung für die **Blitzberatung** ist geschafft!

»Willkommen zurück. Sie können gerne gleich stehen bleiben. Bitte schnappen Sie sich alle einen Flip-Chart-Marker. Wenn Sie sich im Raum umschauen, sehen Sie 4 neu hinzugekommene Flip-Charts. Ganz oben auf jedem Bogen

14 Blitzberatung schnell • effektiv • vielseitig

steht jeweils eine Frage. Es sind Fragen, die Sie selbst heute Morgen formuliert oder die sich bei unserer Arbeit im Laufe des Tages ergeben haben. Frau Breuer, Sie stehen bei Frage 1. Können Sie diese einmal vorlesen?«

Alle 3 Fragen werden nun von in der Nähe stehenden Teilnehmenden vorgelesen. Ich frage fix nach, ob sich alle etwas unter der jeweiligen Frage vorstellen können. Da es in der Regel Fragen der Teilnehmenden sind, die fast immer auch schon einmal laut geäußert wurden, geht das meist sehr unkompliziert.

»An der Tür hier hängt noch ein vierter – leerer – Bogen. Wenn Ihnen eine weitere Frage einfällt, zu der Sie gerne Ideen und Antworten hätten, zögern Sie nicht, Sie dort gleich aufzuschreiben. Und sollte eine weitere Frage auftauchen, dann sorge ich fix für einen fünften Bogen.«

Je nach Zeitbudget betone ich diese Option mehr oder weniger deutlich. Oft habe ich schon erlebt, dass hier ganz unkompliziert 1 oder 2 für die Teilnehmenden ganz wesentliche Fragen ins Spiel kamen. Toll – sie führten uns zu des Pudels Kern!

»Gleich geht's los. Wir machen eine Blitzberatung. Sie gehen auf eine Frage zu. Starten Sie bei einer, die Sie spontan anspricht. Ihre Aufgabe: Finden Sie Ideen, Lösungen, Antworten und notieren Sie Ihre Gedanken – möglichst gut lesbar – auf dem großen Bogen. Dann gehen Sie weiter zur nächsten Frage. Wahrscheinlich werden dort schon andere ihre Ideen aufgeschrieben haben. Lassen Sie sich inspirieren und ergänzen Sie. Gerne können Sie mit umstehenden Kolleginnen und Kollegen plaudern. Gemeinsam kommt man oft auf die besten Ideen!«

Bei kleinen Gruppen von bis zu 6 Personen schicke ich die Teilnehmenden einzeln los. Bei größeren Gruppen zu zweit – sonst wird das Gerangel an den Bögen zu groß. Bei ungerader Teilnehmerzahl mache ich dann einfach selbst mit.

14 Blitzberatung

schnell • effektiv • vielseitig

»Bevor es losgeht, noch ein Hinweis: Auf jedem Bogen sehen Sie 5 schwarze Kästchen und 2 farbige Dreiecke. Wir machen es bei unserer Antwortsammlung wie bei einem guten Buffet. Zu einem guten Buffet gehören vor allem ein paar solide Klassiker: Kartoffelsalat, Nudelsalat und (in Berlin zumindest) Buletten, Baguette und Käse. Klassische Gedanken hinterlassen Sie auf unserem Ideenbuffet bitte hinter den schwarzen Vierecken. Richtig prickelnd wird so ein Buffet aber erst, wenn es auch ein paar exotische Speisen gibt. Ein wenig Sushi, ein paar Wraps oder Stremellachshäppchen. Das rote Dreieck und der grüne Kreis stehen auf unserem Antwortbuffet für Ihre exotischen Ideen. Oft sind gerade die verrücktesten Ideen die hilfreichsten. Trauen Sie sich und bereichern Sie unser Buffet. Ach ja, eines noch. Wir machen hier eine Blitzberatung. Sie haben 7 Minuten Zeit. Los geht's!«

Nun beginnen die Teilnehmenden und notieren ihre Ideen. Das Schöne an der Vorgehensweise: In äußerst kurzer Zeit kommen viele wirklich gute Ideen zusammen. Alle Teilnehmenden sind aktiv und tragen konzentriert Erfahrungen zusammen. Nach 6, 7 oder ein paar mehr Minuten – man merkt, wenn die besten Gedanken notiert sind – bitte ich die Teil-

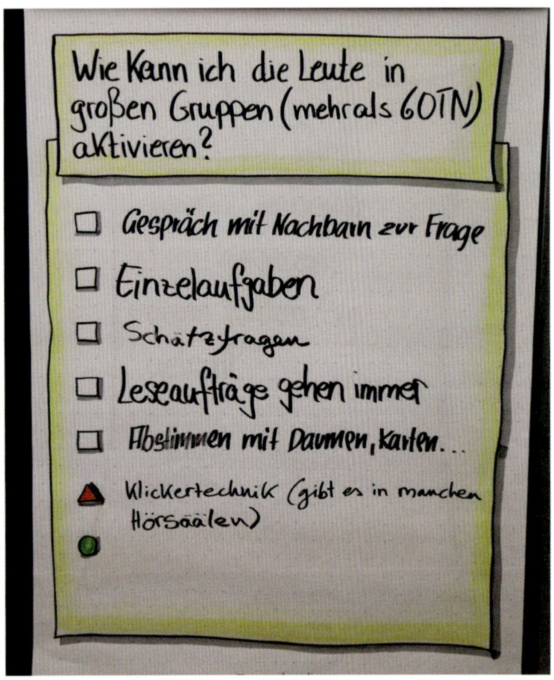

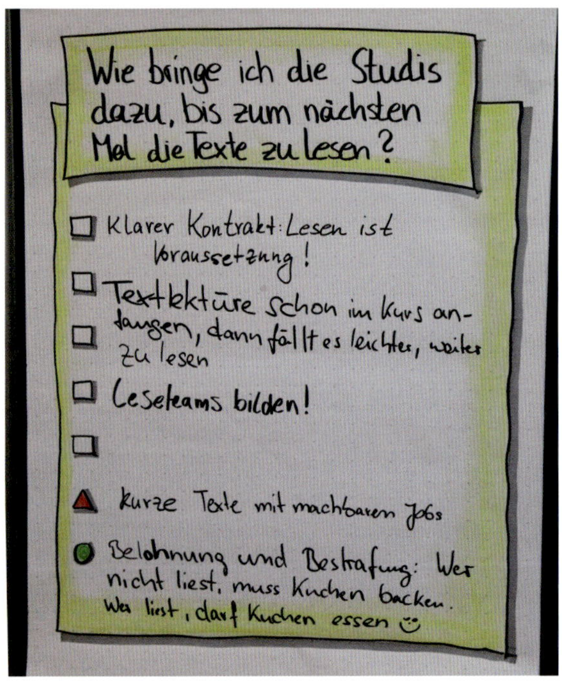

14 Blitzberatung

schnell • effektiv • vielseitig

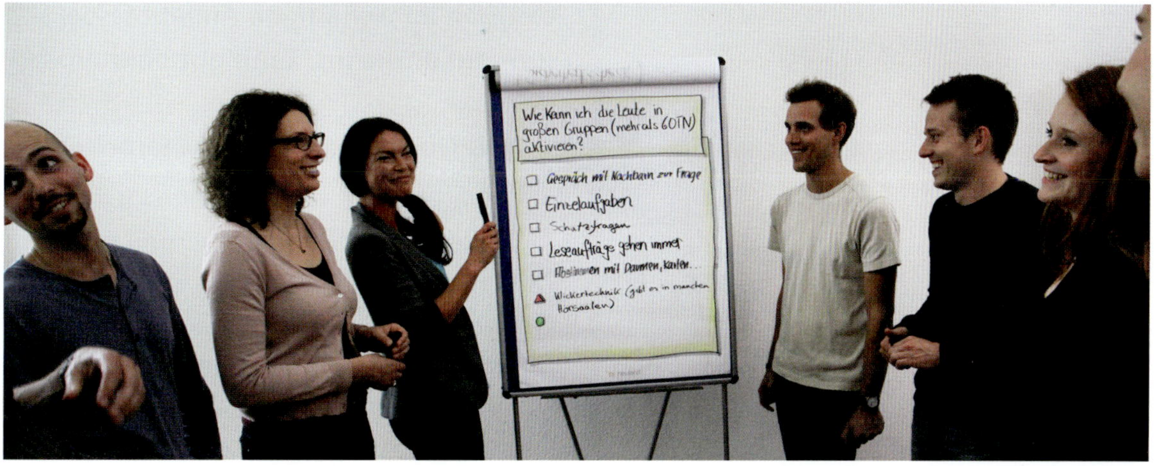

nehmenden, zum Ende zu kommen. Wir versammeln uns an einem der Plakate. Jetzt bitte ich die Lernenden, ihre Ideen vorzustellen und kurz zu erklären. Wir starten jeweils mit der Idee ganz oben auf dem Plakat und arbeiten uns dann weiter durch nach unten. Am Ende plaudern wir ein wenig über die Problematik. Da sich alle damit beschäftigt haben, fällt das in der Regel sehr leicht und die Gespräche sind sehr ergiebig. Wie wertvoll die Ergebnisse sind, merke ich meist auch daran, dass die Teilnehmenden drängend um Aufnahmen für ein Fotoprotokoll bitten …

Die Blitzberatung eignet sich immer dann, wenn es um Fragen geht, zu denen die Teilnehmenden aus Ihrem Erfahrungsschatz hilfreiche Antworten geben können. Ich setze sie – nicht nur, wenn die Zeit knapp wird – häufig am Ende von Kursen ein. Denn oft werden bei der Beantwortung der Fragen schon Strategien aufgegriffen und damit auch wiederholt und noch einmal trainiert, die wir im Seminar erlernt oder eingeübt haben.

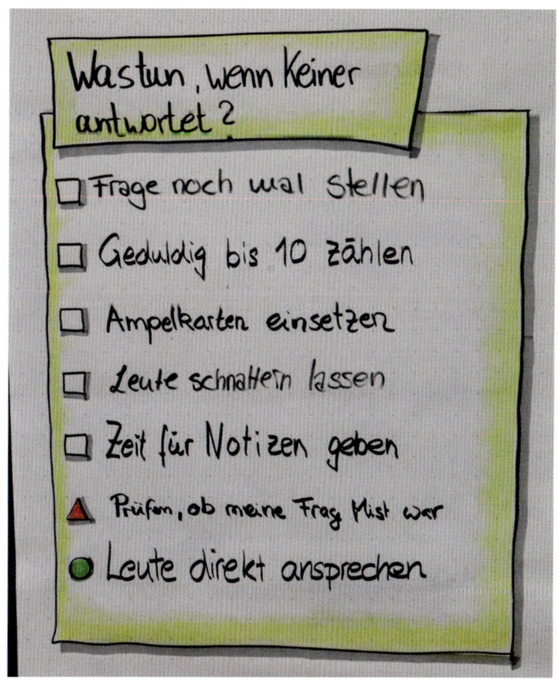

15 Kiebitzen

blickfelderweiternd • dreist • flott

Ziel:

Den behandelten Lernstoff noch einmal wahrnehmen.

Kurz beschrieben:

Die Lernenden tauschen ihre Mitschriften des zurückliegenden Kursabschnitts mit ihrem Nachbarn bzw. ihrer Nachbarin. Sie schauen sich die fremden Notizen an und kiebitzen: »Hat er oder sie da etwas notiert, was mir fehlt?«, »Hat sie oder er das eine oder andere besser dargestellt, auf den Punkt gebracht?« In einem anschließenden Kurzgespräch tauschen sie sich darüber aus, was ihnen beim Blick auf die Mitschrift jeweils aufgefallen ist.

Material:

Keines

Dauer:

Erklärung: 2 Minuten
Kiebitzen: 3 bis 5 Minuten
Austausch: 2 Minuten

Vorbereitung:

Keine

10 Kundenberaterinnen und Kundenberater eines Pharmaherstellers kommen zur Quartalsproduktschulung zusammen. Frau Quast, eine Mitarbeiterin der Abteilung Produktentwicklung, hat vor, 2 Stunden lang über neue Wirkstoffe, Produkte und aktuelle Angebote zu berichten. Diese Produktschulungen sind für die Mitarbeiter immer wichtig. Denn nur, wer sich im vielfältigen Angebotsspektrum gut auskennt, kann gut beraten.

Frau Quast begrüßt die Mitarbeiter:

»Schön, dass Sie zur Herbstproduktschulung hier sind. Wir haben ein paar Neuheiten, die ich Ihnen gerne vorstelle. Über ein Novum werden Sie sich besonders freuen, da bin ich ganz sicher. Ich fange gleich bei den neuen Produktlinien im Bereich Allergologie an. Es werden viele Informationen sein. Wie immer werde ich Sie mit umfangreichen Materialien zu allem versorgen. Machen Sie sich dennoch gerne Notizen zu allem, was für Sie besonders wichtig ist. Statten Sie sich am besten alle gleich mit Blöcken und Stiften aus.«

Schreibblöcke und Kugelschreiber werden durchgereicht. Nachdem alle versorgt sind, beginnt Frau Quast mit ihrem Bericht. Sie erzählt, stellt Produktlinien vor, beantwortet Fragen der Mitarbeiter. Die hören aufmerksam zu und machen Notizen. Die Zeit vergeht rasch.

Kurz vor Ende der Schulung hat Frau Quast eine Bitte an die Teilnehmenden:

»Sie haben viel gehört. Und wie ich gesehen habe, haben Sie sich auch vieles notiert. Bevor wir zum Ende kommen, habe ich eine ungewöhnliche Bitte an Sie: Sprechen Sie Ihren Sitznachbarn an und fragen Sie, ob Sie für ein paar Minuten

15 Kiebitzen blickfelderweiternd • dreist • flott

die Mitschriften anschauen dürfen. Fragen Sie recht freundlich. Dann gelingt es bestimmt. Auch wenn das natürlich ganz unvorbereitet kommt und die Notizen womöglich wirr und schlecht lesbar sind und die meisten von Ihnen im Büro alles erst noch einmal neu sortieren wollen … Wiegeln Sie alle Ausreden lächelnd ab und setzen Sie alles daran, einen Blick auf die Notizen zu bekommen. Natürlich geben Sie ihrem Sitznachbarn im Gegenzug auch Einblick in Ihre eigene Mitschrift! Wenn Ihnen also der Tausch gelungen ist, dann lehnen Sie sich zurück und studieren Sie kurz, was der Mensch neben Ihnen so notiert hat. Vielleicht hat er ganz ähnliche Punkte aufgeschrieben wie Sie? Vielleicht auch ganz andere. Vielleicht hat er einen wichtigen Sachverhalt auch besonders gut dargestellt. Schauen Sie sich die Notizen in Ruhe an und klauen Sie frech wie eine Elster!«

Die Teilnehmenden reagieren zuerst ein wenig irritiert. Spicken, schmulen, abgucken – was jahrzehntelang verboten war, ist jetzt gefragt. Hier kann es also ganz gut sein, die Lernenden noch einmal zu ermuntern, genau das jetzt zu tun: kiebitzen, was das Zeug hält.

Das Spannende an dieser Methode: Hier wird ganz sichtbar, wie unterschiedlich wir Menschen wahrnehmen, wie unterschiedlich wir die Dinge bewerten. Mit meiner Kollegin Annemarie Stammkötter nahm ich an einem zweitägigen Seminar teil. Wir saßen nebeneinander – im selben Raum. Wir hörten genau dasselbe. Doch wenn ich auf ihre Notizen spickte, dann sah ich oft ganz andere Stichworte, Anordnungen. Ganz anderes war ihr wichtig. Wir ließen uns gerne gegenseitig in die Unterlagen schauen. Und tauschten uns in den Pausen über unsere Notizen aus.

15 Kiebitzen

blickfelderweiternd • dreist • flott

Genau darum bat Frau Quast also auch ihre Teilnehmenden. Nach 2, 3 oder 4 Minuten spricht sie die Lernenden wieder an:

»Ich sehe, Sie haben sich einen Einblick in die Notizen Ihrer Nachbarn verschafft. Nehmen Sie sich ein paar Minuten Zeit und erzählen Sie sich einander gegenseitig, was Ihnen beim Stöbern in den Mitschriften aufgefallen ist. Vielleicht ist Ihnen auch an der einen oder anderen Stelle unklar, was Ihr Nachbar hier gemeint hat. Fragen Sie jetzt gerne nach.«

Oft beginnen die Teilnehmenden mit dem Austausch auch ganz von alleine. »Was soll das denn heißen? Ich kann deine Sauklaue nicht lesen. Erklär mal!« Ich freue mich dann immer. Warum? Weil die Teilnehmenden den Lernstoff noch einmal wahrnehmen, sich gegenseitig noch einmal wichtige Punkte erklären. Wer etwas Neues lernen will, kann solche Schritte in der Lernphase des »Ausatmens« (erinnern, wiedergeben, übertragen und anwenden) gar nicht häufig und früh genug im Lernprozess tun.

Kiebitzen ist ein kleiner »Ausatmungs«-Weg, den ich auch gerne in Großlehrveranstaltungen mit vielen Studierenden einsetze. Es geht ganz unkompliziert und flott. Auch mit 200 Teilnehmenden. Und mal ganz ehrlich: Wie viel Prozent Ihrer Mitschriften so im Laufe Ihres bisherigen Lebens haben Sie nach dem Seminar noch einmal durchgeschmökert – geschweige denn neu sortiert und überarbeitet. Kiebitzen ist also in den meisten Fällen die Chance!

16 Karten legen

schöpferisch • strukturierend • überblickend

Ziel:

Eigenen Überblick über das Fachthema entwickeln, das Wesentliche herausfinden.

Kurz beschrieben:

Die Teilnehmenden falten ein DIN-A4-Blatt 4 Mal. So, dass beim Entfalten 16 Felder entstehen. In jedes der Felder tragen sie nun einen Begriff, ein Stichwort ein, das ihres Erachtens zum behandelten Fachgebiet gehört. Sind alle Felder ausgefüllt, reißen oder schneiden sie ihren Bogen in 16 Zettel. Diese ordnen sie nun anhand der einzelnen Stichwörter auf einem farbigen A3-Bogen an. Ihre Aufgabe ist es, eine aus ihrer Sicht sinnvolle Struktur zu entwickeln. Dabei können sie zusätzlich Pfeile, Rahmen und Überschriften einzeichnen. Ihren Überblick über das Thema, ihre Landkarten stellen die Lernenden im letzten Arbeitsschritt einem Nachbarn, einer Nachbarin vor.

Material:

A4-Papier, farbige A3-Bögen, Klebstoff, Stifte, evtl. Scheren.

Dauer:

Erklärung: 3 Minuten
Stichworte sammeln: 5 bis 10 Minuten
Legen und kleben: 10 bis 15 Minuten
»Landkarten« vorstellen: 10 Minuten

Vorbereitung:

Keine

Ein Seminar zum Thema »Arbeitssicherheit für Flugbegleiterinnen und Flugbegleiter« bei der Berufsgenossenschaft.

Gut einen Tag lang haben sich die Teilnehmenden bei ihrem Dozenten Bender mit Fragen des Arbeitsschutzes in der Luft und am Boden beschäftigt. Heute möchte Herr Bender sie animieren, selbständig über das Thema nachzudenken, eigene Schwerpunkte zu setzen und für sich einen Überblick zu entwickeln. Ihm ist wichtig, dass die Lernenden am Ende nicht nur Vorschriften aufsagen, sondern das Thema selbst durchdrungen haben. Dass sie sich frei im Stoffgebiet bewegen können. Deshalb wendet er sich mit diesem Auftrag an sie:

»Wir haben schon einiges zum Thema ›Arbeitssicherheit‹ gehört, gelesen und diskutiert. Heute bitte ich Sie, selbständig und frei darüber nachzudenken. Das machen wir auf einem etwas ungewöhnlichen, aber sehr nützlichen Weg. Bitte nehmen Sie sich alle ein weißes Blatt Papier. Falten Sie den Bogen in der Mitte so, dass ein DIN-A5-Format entsteht. Dieses Blatt falten Sie gleich noch mal. Jetzt müssten Sie einen Bogen in Postkartengröße in der Hand halten. Wenn Sie den noch mal falten und dann noch mal, sollte Ihr Papier die Größe eines kleinen Notizzettels haben. Entfalten Sie jetzt das Papier wieder. Wenn alles gut geklappt hat, liegt vor Ihnen ein Bogen mit 16 kleinen Feldern.«

Wenn das bei allen Lernenden der Fall ist, fährt Herr Bender fort:

16 Karten legen   schöpferisch • strukturierend • überblickend

»Nehmen Sie sich jetzt einen Stift. Meine Bitte an Sie ist, dass Sie über unser Thema ›Arbeitssicherheit in der Flugbegleitung‹ nachdenken. Am besten, ohne in Ihre Unterlagen zu schauen. Überlegen Sie, was das Thema aus Ihrer Sicht alles ausmacht. Was sind die wichtigen Punkte? Was alles gehört dazu? Schreiben Sie jedes Stichwort, jedes Teilthema, das Ihnen einfällt, gut lesbar in eines der 16 Felder auf Ihrem Bogen. Die Reihenfolge spielt keine Rolle. Schreiben Sie die Stichworte einfach hintereinander so auf, wie sie Ihnen einfallen.«

Für die Lernenden beginnt jetzt ein – für manche vielleicht zunächst mühsamer – Erinnerungs- und Denkprozess. »Was alles gehört dazu?«, »Was haben wir besprochen?«, »Was fällt mir noch ein?«. Das wird manchen leichter und anderen schwerer fallen. Je nachdem, wie intensiv sie sich mit dem Thema bereits auseinandergesetzt haben.

Wenn die Teilnehmenden ihr Sammeln abgeschlossen haben, wendet Herr Bender sich erneut an sie:

»Auf Ihrem Bogen haben Sie nun gut ein Dutzend Begriffe gesammelt. Bitte nehmen Sie Ihr Papier jetzt und reißen Sie das Blatt an den Faltlinien durch. So, dass am Ende 16 kleine Zettel mit den Stichworten entstehen. Auch die leeren Zettel sind in Ordnung. Auf geht's!«

Großes Reißen beginnt. Wer will, kann auch Scheren verteilen. In der Regel funktioniert es aber auch ohne ganz gut und so spart man sich das Mitschleppen, Austeilen und Einsammeln. Wenn alle fertig sind, bittet Herr Bender die Teilnehmenden, sich einen bereitgelegten bunten A3-Bogen auszuwählen. Grüne, rote, blaue und gelbe Papiere hat er mitgebracht. Er erklärt:

»Vor Ihnen liegt Ihre Stichwortsammlung nun auf viele einzelne Zettel verteilt. Ich bitte Sie, auf dem von Ihnen gewählten

16 Karten legen schöpferisch • strukturierend • überblickend

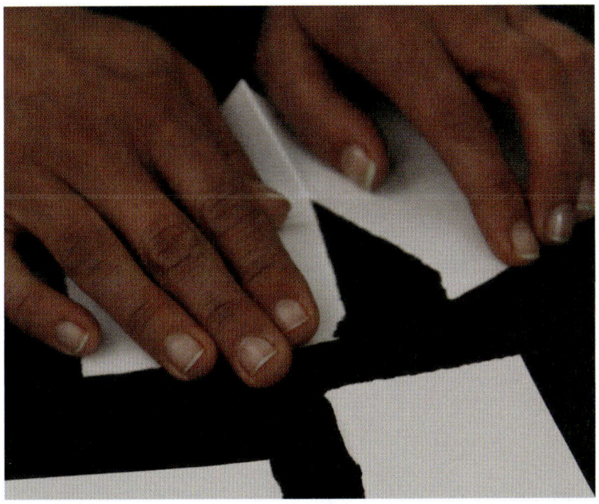

A3-Bogen Ihren Überblick zum Thema ›Arbeitssicherheit in der Flugbegleitung‹ anzuordnen. Nehmen Sie dazu die Stichwortzettel und legen Sie diese zu einem für Sie sinnvollen Gesamtbild zusammen. Am Ende entsteht eine Art Landkarte. Überlegen Sie: Wie hängen die Dinge zusammen? Gibt es Hierarchien? Welche Verbindungen gibt es? Welche Unterschiede bestehen? Wo gibt es Abhängigkeiten? Sie können gerne auch Verbindungs- und Trennlinien einzeichnen, Pfeile, Kästen oder Kreise. Sie können auch noch Überschriften finden. Tun Sie alles, damit ein gutes Gesamtbild zu unserem Thema entsteht. Und wenn alles so liegt, wie es für Sie gut passt, dann kleben Sie alle Zettel auf. Bevor Sie loslegen, noch ein wichtiger Tipp: Spicken Sie nicht bei Ihren Nachbarn. Deren Bilder können ähnlich oder auch ganz anders aussehen. Konzentrieren Sie sich ganz auf Ihren eigenen Überblick. Viel Spaß!«

10 bis 15 Minuten lang entwickeln die Teilnehmenden nun ihre Übersichten. Vielen Lernenden macht das großen Spaß. Denn in der Regel fällt ihnen das, was uns sonst oft so große Probleme bereitet, jetzt ganz leicht: eine gute Struktur entwickeln, eine Übersicht schaffen, die Zusammenhänge deutlich machen. Warum ist es jetzt für viele so leicht? Weil die Arbeitsschritte »Sammeln« und »Sortieren« strikt getrennt wurden. Ich beobachte das an mir selbst immer wieder. Wenn ich beides auf einmal tun will, dann klappt es oft nicht: beim Erschließen eines Themas, beim Entwickeln eines Textes, beim Entwurf eines Seminarkonzeptes, beim Zusammenfassen eines eben gelesenen Fachartikels. Konzentriere ich mich allerdings zunächst nur auf das Sammeln der wesentlichen Punkte und widme mich erst dann der Ordnung, dann geht es viel leichter. Die Methode Karten legen ist daher auch eine prima

16 Karten legen

schöpferisch • strukturierend • überblickend

Empfehlung für alle Lernenden, die in der Schule, in der Ausbildung oder im Studium Hausarbeiten, ihre Bachelor-Thesis oder die Doktorarbeit verfassen.

Zurück zu den Lernenden bei der Berufsgenossenschaft. Sie haben ihre Bögen fertig entwickelt. Und diese sehen ganz unterschiedlich aus. Herr Bender sorgt rasch dafür, dass in der Gruppe Zweierteams entstehen. Und gibt ihnen folgenden Auftrag:

»Ich bitte Sie nun, sich mit Ihrem Partner, Ihrer Partnerin einen Platz zu suchen. Dort angekommen, stellen Sie sich bitte gegenseitig ihre Landkarte vor. Sie haben für jede Vorstellung 5 Minuten Zeit. Da können Sie also gut nachfragen und sich austauschen. In so 10 Minuten erwarte ich Sie alle hier zurück.«

Das lerntechnisch Sinnvolle an diesem letzten Arbeitsschritt: Die Lernenden erklären mit eigenen Worten ihre Sicht auf das Thema. Eine neue »Landkarte« ist in ihrem Kopf entstanden. Sie ist einzigartig und hat sich aus ihrer individuellen Sicht auf das Gelernte herauskristallisiert.

Ab und an haben die Teilnehmenden den dringenden Wunsch, die Bilder aller Gruppenmitglieder zu sehen. Dann bitte ich die Lernenden, ihre Bilder im Raum mit Kreppklebeband aufzuhängen. Und wir machen im Rahmen einer kleinen Pause eine Art Ausstellung (Lehr-Lern-Gang, Methode 8, Band 1). Mit Zeit zum

16 Karten legen schöpferisch • strukturierend • überblickend

Herumgucken und der Möglichkeit, bei den Entwicklern und Entwicklerinnen nachzufragen. Die Methode Karten legen lässt sich zu ganz unterschiedlichen Zeitpunkten im Kursverlauf einsetzen: So wie hier vorgestellt am Ende einer Lernzeit. Es lässt sich aber auch beim Einstieg in ein neues Thema damit arbeiten. Dann müssen die Lernenden auf ihr Vorwissen und ihre Vermutungen zum Thema zurückgreifen.

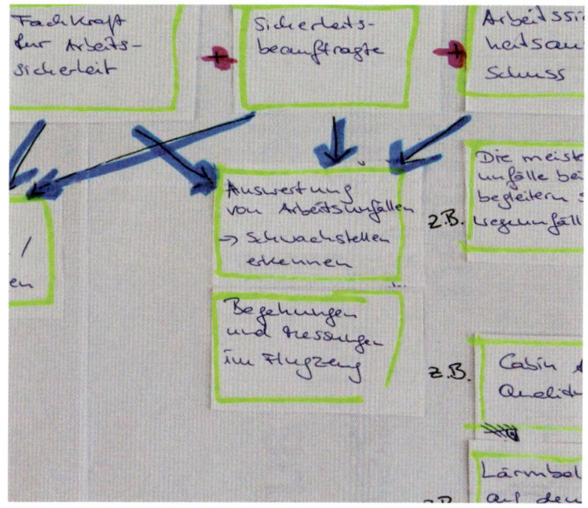

17 Nah und fern

leichtfüßig • aufschlussreich • unkonventionell

Ziel:

Feedback einholen, zum Feedback oder zu inhaltlichen Aussagen Stellung und Position beziehen.

Kurz beschrieben:

Die Teilnehmenden stehen am Ende eines Kurses oder eines Seminartages im Kreis. Eine erste Person tritt in die Mitte und macht dort eine Aussage zum Kurs: zu Inhalten, Arbeitsfortschritt oder Lernklima. Die anderen überlegen nun, wie sie zu dieser Aussage stehen. Der Kreis löst sich nun allmählich auf. Wer der Äußerung zustimmt, kommt in die Mitte: Je stärker die Zustimmung, desto näher zur Person in der Mitte – je weniger die Teilnehmenden die Aussage teilen, desto weiter entfernen sie sich innerhalb des Raums. Wenn alle ihre Position gefunden haben, schaut die Gruppe kurz auf das entstandene Bild. Ohne Worte. Dann kehren alle zurück in den Kreis. So lange, bis eine weitere Person in die Mitte kommt und mit einem weiteren Statement fortfährt.

Material:

Ausreichend Platz im Raum.

Dauer:

3 bis 10 Minuten

Vorbereitung:

Keine

Ein Seminartag oder ein ganzer Kurs geht zu Ende. Rasch wollen Sie zum Abschluss noch ein Feedback einholen. In der Lernzeit haben Sie intensiv gearbeitet. Ihr Gefühl sagt: Jetzt muss es schnell gehen – die Zeit für den Abschluss ist gekommen.

Die Methode **Nah und fern** ist eine schöne Möglichkeit, mit wenigen Worten in kurzer Zeit viele Statements zum Kurs einzuholen. So funktioniert es:

Sie brauchen Platz im Raum. Mindestens so viel, dass alle Teilnehmenden in einem Kreis stehen können. Hinter dem Kreis sollte auch noch Bewegungsspielraum sein. Wenn alle stehen, stellen Sie sich in die Mitte des Kreises und erklären:

»Wir kommen zum Schluss unseres zweiten Kurstages. Jetzt machen wir eine ganz flotte Abschlussrunde. Dabei wird ein erster mutiger Mensch hierher in die Mitte des Kreises kommen. Dorthin, wo ich jetzt stehe. Hier geben Sie ein kurzes Statement zu unserem Seminar: zu Inhalten, zur Arbeitsweise, zum Lernerfolg, zur Atmosphäre, zum gemeinsamen Lernen oder zu unserem Veranstaltungsort. Machen Sie eine Aussage, hinter der Sie persönlich stehen. Etwas, das Sie jetzt am Ende gerne noch mitteilen wollen. Ich könnte zum Beispiel, hier in der Mitte stehend, sagen: ›Mir hat es gefallen, dass wir so konzentriert gearbeitet haben.‹ Alle anderen überlegen

17 Nah und fern

leichtfüßig • aufschlussreich • unkonventionell

nun, wie sie zu dieser Aussage stehen. Wer meiner Äußerung zustimmt, kommt auch hierher in die Mitte. Je stärker die Zustimmung, desto näher zu mir. Je weniger Sie die Aussage teilen, desto weiter entfernen Sie sich. Natürlich bitte nur innerhalb des Raumes. Wenn alle ihre Position gefunden haben, schauen wir uns das entstandene Bild an. Ohne Worte. Und dann kehren wir alle wieder zurück in den Kreis. Und eine weitere Person kommt in die Mitte und fährt mit einem neuen Statement fort. Wenn alles Wesentliche gesagt ist, sind wir fertig.«

Jetzt kann es ein wenig dauern. Die Teilnehmenden müssen erst einmal überlegen, welche Aussage ihnen so wichtig ist, dass sie damit in die Mitte treten. Nach wenigen Augenblicken beginnt Jakob: In der Mitte angekommen lautet seine Aussage: »Ich fand gut, dass wir wirklich an unseren Praxisfragen gearbeitet haben.« Alle Teilnehmenden setzen sich nun in Bewegung. Bei Aussagen, bei denen viele oder sogar alle ganz eng zusammenkommen, ist das oft sehr vergnüglich. Und Sie bekommen vom Rand aus ein schnelles Bild von der Resonanz zu den einzelnen Aussagen.

Nah und fern ist eine rasche Feedbackmethode, bei der alle Teilnehmenden beteiligt sind. Ohne viel reden zu müssen. Für mich oft eine ganz wohltuende Alternative zu den ewigen Reihum-Runden mit vielen Wiederholungen und den unvermeidlichen »Ich schließe mich meinem Vorredner an«-Sätzen. In der Regel reichen bei **Nah und fern** 5 bis 8 Aussagen, zu denen die Teilnehmenden sich aufstellen. Dann ist meist alles gesagt.

Gerne setze ich die Methode auch zu Beginn eines zweiten Kurstages ein. Dann überlege ich mir 3 Aussagen, die ich von der Mitte aus nenne, und bitte die Teilnehmenden, sich dazu zu positionieren. Zum Beispiel diese:

1. Ich hatte gestern einen schönen Abend.
2. Ich fühle mich jetzt im Augenblick wach und gesund.
3. Ich habe mich gestern noch mit unserem Kursthema hier beschäftigt.

17 Nah und fern leichtfüßig • aufschlussreich • unkonventionell

Bei dieser Variante mache ich es allerdings anders: Wie ein Reporter mit dem Mikrophon gehe ich bei jeder der Aussagen auf ein paar Teilnehmende zu und frage: »Aha, wie ist es bei Ihnen? Erzählen Sie mal?« So kommen die Stimmen rasch zum Klingen. Und wir erfahren unkompliziert, wie es den Einzelnen in der Kursgruppe geht. Wer mag, kann sich bei dieser Umfrage auch bedeckt halten.

Auch inhaltlich lässt sich mit **Nah und fern** gut arbeiten. Unser Kollege Rupert Prossinagg nutzt in den Moderatorenschulungen gerne Thesen, zu denen er die Teilnehmenden Stellung beziehen lässt. Hier ein paar Beispiele. Schauen Sie mal: Wie nahe würden Sie bei Rupert in der Mitte stehen?

- Störungen muss man in den Vordergrund rücken, damit sie dann wieder in den Hintergrund treten können.
- Je besser es mir als Moderator am Einsatztag geht, desto weniger Störungen treten auf. Daher: Am besten an sich selbst arbeiten!
- Während einer Moderation muss nicht immer gute Stimmung herrschen. Auch schlechte Stimmung gehört zum Leben und damit auch zu einer Arbeitsveranstaltung.

Rupert formuliert gerne »vergiftete Thesen«. Damit meint er Aussagen, bei denen man beim zweiten Nachdenken ins Zögern kommt. So löst er oft hilfreiche inhaltliche Diskussionen zwischen den Teilnehmenden aus.

18 Ampelkarten

aktiv • schnell • einfach

Ziel:

Interesse und Aufmerksamkeit auf zentrale Fragen lenken, über Fragen aktiv nachdenken und abstimmen lassen.

Kurz beschrieben:

Alle Teilnehmenden erhalten ein Set Ampelkarten zur Abstimmung über eine Frage zum Lernstoff. Ohne sich erklären zu müssen, können sie votieren: grün – ich stimme zu; gelb – ich bin unschlüssig; rot – ich stimme nicht zu. Anschließend können einige ihre Entscheidung begründen. Eine Diskussion kann folgen.

Material:

Ampelkarten für alle Teilnehmenden (schöne, bunt folierte Ampelkarten gibt's im Orbium-Materialshop unter www.shop.orbium.de).

Dauer:

1 bis 2 Minuten pro Frage

Vorbereitung:

Klare Fragen formulieren.

Haben Sie das auch schon erlebt? Sie referieren in einem Seminar oder einer Vorlesung. Immer wieder versuchen Sie, den Lernenden den Ball zuzuspielen.

Auf Ihre Fragen und Einladungen zur Diskussion ernten Sie jedoch nur müdes Schweigen. Es scheint, als fühlte sich niemand von Ihren Angeboten und Aufforderungen angesprochen. Nach peinlicher Stille sind es immer wieder dieselben Leute, die sich schließlich erbarmen und zu Wort melden. Was in den Köpfen der anderen vorgeht, bleibt im Verborgenen.

Warum fallen die Reaktionen so spärlich aus? Trauen sich die Teilnehmenden nicht, ihre Vermutungen oder Überzeugungen zu äußern? Fehlt ihnen der persönliche und aktuelle Bezug zum Thema oder haben sie einfach keine Lust, sich aufzuraffen? Möglich ist auch, dass sich die Lernenden bei Ihren Fragestellungen, die an alle 20 oder 30 Teilnehmenden im Raum gerichtet sind, einfach nicht direkt genug angesprochen fühlen – das Empfinden von Mitverantwortung für das Geschehen im Raum ist durch 20 oder 30 geteilt.

Aus welchem Grund auch immer die Beteiligung so gering ist – bei manchen Schlüsselfragen wünschen Sie sich unbedingt die aktive Mitarbeit möglichst aller: In Form eines Beitrages, eines Votums oder eines Statements.

Frau Kaiser geht es in ihrem Seminar zum Thema »Ernährungslehre« ähnlich. Heute geht es um verschiedene Formen von Vegetarismus. Um möglichst viele Lernende zum Mitdenken und Antworten zu animieren, führt sie gleich zu Beginn des Vormittags die **Ampelkarten** ein. Sie erklärt:

18 Ampelkarten

aktiv • schnell • einfach

»Schön, dass Sie da sind. Wir werden uns heute mit den verschiedenen Arten von Vegetarismus beschäftigen. Ich habe 5, 6 spannende Fragen mitgebracht, bei denen Sie alle mitentscheiden können. Das Gute daran: Sie müssen gar nichts sagen – Sie bekommen alle ein nonverbales Antwortinstrument.«

Jetzt verteilt sie die **Ampelkarten**. Jeder Teilnehmende bekommt 3 Karten: eine grüne, eine gelbe und eine rote. Beim Verteilen erklärt sie:

»Im Laufe der nächsten 2 Stunden habe ich, wie gesagt, ein paar spannende Fragen an Sie alle. Zur ersten Beantwortung nutzen Sie einfach die 3 Karten. Wenn Sie meiner Frage zustimmen, sie mit ›Ja‹ beantworten, heben Sie bitte die grüne Karte hoch. Wenn Sie der Aussage widersprechen, nutzen Sie die rote Karte für Ihr ›Nein‹. Und wenn Sie unentschlossen, unsicher, hin- und hergerissen sind – was auch ein sehr guter Lernzustand ist – dann nutzen Sie Ihre gelbe Karte. So weit alles klar?«

Nun bittet sie die Lernenden, die Karten für ein paar Augenblicke beiseitezulegen. Sie steigt jetzt ins Thema ein. Nach einigen Minuten wendet sie sich wieder direkt an die Lernenden:

»Jetzt wird's interessant. Ich habe die erste Frage, bei der Sie alle mitentscheiden können. Bitte schnappen Sie sich Ihre Ampelkarten. Was denken Sie? Würden Ovo-Lacto-Vegetarier Ziegenkäse essen? Überlegen Sie für sich und halten Sie dann die entsprechende Karte deutlich hoch.«

Das Schöne an den **Ampelkarten**: Alle, wirklich alle kommen jetzt in Aktion und denken über die Frage nach. Die ersten Karten gehen hoch. Die weiteren folgen in meist kurzer Zeit. Frau Kaiser kann nun einzelne Lernende ansprechen. Ich schaue dabei gerne, ob mich jemand offen anlächelt und ausstrahlt: »Ich habe etwas zu sagen! Und ich habe auch Lust dazu.« Diese Teilnehmenden spreche ich dann an: »Sie halten die rote Karte hoch: Was hat Sie dazu bewogen?« Und schon sind wir mitten im Thema. Was spricht dafür, was spricht dagegen? Spannend sind häufig auch die Gedanken derjenigen, die sich für die gelbe Karte entschieden haben. Miteinander können Sie nun die Frage auflösen und dann weiterarbeiten – jetzt vermutlich bei größerer Aufmerksamkeit Ihres Publikums. Eine

18 Ampelkarten aktiv • schnell • einfach

Hauptaufgabe von uns Lehrenden besteht ja darin, die Aufmerksamkeit der Lernenden auf die wesentlichen Punkte zu lenken. Und auch das gelingt mit den **Ampelkarten** hervorragend.

Die Karten eignen sich auch als Hilfe für die Arbeit mit großen Gruppen. Um nicht zu viele Karten zu benötigen, mache ich es dort gerne so, dass jeweils 2 beieinandersitzende Teilnehmende ein Kartenset erhalten. Das hat neben dem geringeren Materialaufwand noch einen weiteren positiven Aspekt: Die Lernenden tauschen sich vor ihrer Abstimmung schon über die Frage aus. Sie sind aktiv dabei. Und die Chance, dass sie sich anschließend auch vor der ganzen Gruppe äußern, steigt. Warum? Weil sie sich durch das Gespräch mit dem Nachbarn warmgeredet und Sicherheit gewonnen haben, mit ihren Antwortideen nicht ganz danebenzuliegen.

Immer wieder bin ich überrascht, wie viel Freude gerade auch die erwachsenen Lernenden mit den farbigen Karten haben. Oft nutzen sie die Karten nicht nur, um auf meine Fragen zu antworten, sondern werden von selbst kreativ und aktiv: Wenn es zum Beispiel höchste Zeit für eine Pause wird, dann sehe ich oft ein Meer von roten Karten – und weiß Bescheid.

Wichtig ist – wie bei allen Methoden – auch hier, es nicht zu übertreiben. Ich mache gute Erfahrungen damit, in 90 Minuten 3 oder 4 Fragen mit den **Ampelkarten** beantworten zu lassen. Und dann arbeiten wir mit anderen Wegen weiter. Auf diese Art bleibt die Spannung erhalten, die entstanden ist, weil die Teilnehmenden sich auf weitere Rätselfragen freuen.

Ach ja. Eines ist noch offen. Was ist nun mit den Ovo-Lacto-Vegetariern? Sie essen Eier (Ovo) und Milchprodukte (Lacto). Und damit auch Ziegenmilch – und Ziegenkäse.

19 In Wort und Bild

kreativ • treffsicher • spielerisch

Ziel:

Auswertung eines Lernabschnittes, eines Kurses; rasche Reflexion eines Lernprozesses.

Kurz beschrieben:

Am Ende eines Kursabschnitts oder eines Seminars haben die Lernenden die Aufgabe, rasch ihr Fazit zu ziehen: Sie sollen ein Adjektiv, ein Gefühl oder sonst einen Begriff auf eine Moderationskarte schreiben, der ihnen zu diesem Seminar oder diesem Kursabschnitt spontan in den Sinn kommt. Wenn alle fertig sind, drehen die Teilnehmenden ihre Moderationskarte um. Auf der Rückseite sollen sie das, was sie eben in ein Wort gefasst haben, nun in wenigen Minuten als Bild aufmalen. Anschließend stellen die Teilnehmenden ihr Fazit kurz vor: in Wort und Bild.

Material:

Moderationskarten, Stifte.

Dauer:

Erklärung: 1 Minute
Wort finden: 2 Minuten
Bild malen: 2 bis 4 Minuten
Vorstellen: je nach Anzahl der Teilnehmenden

Vorbereitung:

Keine

Ein Wochenkurs für neu gewählte Betriebsräte im Bildungshaus einer Gewerkschaft. Am dritten Seminartag haben sich die 14 Betriebsrätinnen und Betriebsräte unter Anleitung ihrer Dozentin mit ihrer Rolle im neuen Amt beschäftigt. Am frühen Abend beschließt die Trainerin den Kurs mit einer letzten Bitte:

»Bevor wir alle in den wohlverdienten Feierabend gehen, bitte ich Sie, sich einen Moderationsstift zu nehmen. Ich bringe Ihnen allen je eine Moderationskarte. Ihr Auftrag: Bitte schauen Sie auf diesen heutigen Kurstag zurück. Lassen Sie vor Ihrem geistigen Auge unsere Themen und Fragen, unsere Diskussionen und die Art und Weise, wie wir gearbeitet haben noch einmal vorüberziehen. Schauen Sie nun, welche Gedanken, welche Gefühle Ihnen zu diesem heutigen Tag ganz spontan in den Sinn kommen. Wählen Sie den stärksten Impuls – oft ist es der erste – aus und schreiben Sie ihn in möglichst einem Wort auf die Moderationskarte. Es kann ein Fachbegriff sein, ein Adjektiv, ein Zustand, ein Gefühl. Das, was jetzt beim Nachsinnen gerade besonders haften bleibt. Überlegen Sie nicht zu lange. Los geht's.«

19 In Wort und Bild

kreativ • treffsicher • spielerisch

Nun beginnen die Teilnehmenden zu überlegen. Manchen fällt es ganz leicht und sie beginnen umgehend, ihr Wort aufzuschreiben. Andere brauchen länger, kommen womöglich auch ein wenig unter Druck. Geben Sie den Lernenden ausreichend Zeit. Jedoch nicht zu viel. Ergänzen Sie notfalls etwas wie: »Am besten, die Idee kommt spontan aus dem Moment, nicht so sehr aus kopfigen Überlegungen.« Wenn alle fertig sind, erklären Sie den nächsten Schritt:

»Jetzt kommt Auftrag Nummer 2. Bitte drehen Sie Ihre Moderationskarte um. Nehmen Sie wieder Ihren Stift und malen Sie in 2 Minuten das, was Sie auf der Vorderseite aufgeschrieben haben, in einem Bild, einer Skizze auf diese Seite der Karte.«

Oft geht nun ein Raunen durch die Runde: »Puh – unmöglich!«, »Ich kann nicht malen!« … Ermuntern Sie die Leute fröhlich, ganz gelassen zu bleiben, es einfach zu versuchen so gut es irgend geht. Alle werden gleich überrascht sein, wie aussagekräftig viele der flott gezeichneten Abbildungen sind.

2, 3 oder 4 Minuten werden vergehen, bis alle ihr Werk vollendet haben. Nun kommt der dritte und interessanteste Teil der Übung:

»Jetzt sind wir natürlich alle neugierig, was Sie aufgeschrieben und gezeichnet haben. Bitte stellen Sie uns Ihre Karte vor und erzählen Sie uns ein wenig dazu. Sie können uns als Erstes das Wort zeigen und dann das Bild. Oder Sie machen es ein wenig spannender und zeigen uns zuerst Ihre Skizze und lassen uns raten, was Sie damit gemeint haben. Entscheiden Sie, was für Sie gerade am besten passt. Wer Lust hat, anzufangen, beginnt einfach.«

Patricia ist die Erste: »Ich mache es mir und euch einfach und beginne mit dem Wort: ›Füllhorn‹. Und hier mein Bild dazu. Für mich war der Tag heute – auch in Verbindung zu gestern und vorgestern – wie ein großes Füllhorn voller Ideen und Anregungen für meine neue Aufgabe. Das Füllhorn ist gut vollgepackt. Und morgen und am Freitag darf gerne noch was dazukommen.«

Ihr Nachbar Oskar macht nun weiter. »Ich zeige euch erst mal mein Bild. Was seht ihr?«

Die anderen Teilnehmenden beginnen zu raten: »Erleichterung«, »Zorn«, »Dampf ablassen« …

Oskar dreht die Karte um: »Genau: »Dampf ablassen« war mein Stichwort.

19 In Wort und Bild

kreativ • treffsicher • spielerisch

Ihr habt ja alle von meinen schwierigen Startbedingungen gehört. Für mich war gut, heute Mittag mal Dampf ablassen zu können. Ich werde nächste Woche sicherlich etwas gelassener an die schwierige Situation bei uns in der Firma rangehen können. Meine Möglichkeiten, aber vor allem meine Grenzen sind für mich heute klarer geworden. Das hat mir schon recht viel Druck weggenommen.«

In den folgenden Minuten stellen nun auch die anderen Teilnehmenden ihre Karten vor. Für mich ist die Methode **In Wort und Bild** eine Lieblingsmethode geworden, weil es auf diese Weise, also mit Hilfe von Metaphern, in kurzer Zeit gelingt, sehr aussagekräftige Gedanken und Gefühle zum Seminar, zum Lernfortschritt und zu den Eindrücken der Lernenden auszutauschen.

Immer wieder bin ich überrascht, wie treffsicher die Teilnehmenden ihr Fazit in einem einfachen Bild auf den Punkt bringen. Gerade auch dann, wenn sie zunächst panisch erklären, eben nicht malen zu können … Oft sind die Bilder so stark, dass sie auch bei den nächsten Kurseinheiten in der Gruppe noch präsent bleiben und gelegentlich wieder aufgegriffen werden.

20 Ja-ja–nein–ja

flott • richtungsweisend • klärend

Ziel:

Rasch Klarheit über Hintergrundwissen, Situation, Anliegen und Ziele der Teilnehmenden im Kurs gewinnen.

Kurz beschrieben:

Zu Beginn der Zusammenarbeit mit einer für Sie noch unbekannten Kursgruppe bitten Sie die Lernenden, sich zu einigen Vermutungen von Ihrer Seite zu äußern. In kurzen Sätzen nennen Sie Ihre Vorannahmen zur Arbeitssituation, zum Kenntnisstand, zu den Erwartungen der Teilnehmenden. Ein Beispiel: »Sie arbeiten im Alltag regelmäßig mit dem Tool X.« Die Teilnehmenden antworten mit ihren Köpfen. Nicken heißt Ja, Kopfschütteln bedeutet Nein. Sie beobachten aufmerksam die Antwortreaktion. Wenn alle nicken, wissen Sie, dass Sie mit Ihrer Vermutung richtig liegen. Schütteln einzelne oder alle die Köpfe, fragen Sie nach und gewinnen wertvolle Informationen. Eine gute Möglichkeit für einen raschen Start.

Material:

Keines

Dauer:

2 Minuten oder länger

Vorbereitung:

Vorannahmen ausdenken und formulieren.

Unser Beruf ist wirklich oft spannend. Wir kommen irgendwo hin, zu irgendwelchen Menschen, die in irgendwelchen Konstellationen irgendetwas wollen oder nicht wollen. Und all diese unbekannten Variablen müssen wir herausfinden, um eine stabile Arbeitsgrundlage für die Lernzeit zu schaffen. In Wochenkursen, Semesterveranstaltungen oder längeren Fort- und Ausbildungen haben wir dazu reichlich Zeit. Wir können Etappe für Etappe mehr über die Lernenden und ihre jeweilige Situation erfahren. Und haben viele Chancen, darauf einzugehen.

In kürzeren Veranstaltungen – Tagesseminaren, Halbtageskursen oder Kurzworkshops – haben wir diese Zeit allerdings nicht. Da gilt es, so rasch wie möglich viele Informationen zu bekommen und Klarheit zu gewinnen. Ungünstig, wenn in den letzten 10 verbleibenden Minuten eines Nachmittagsworkshops die Teilnehmenden äußern: »Ganz ehrlich, Herr Baumann, wir arbeiten gar nicht mit dem Programm, das Sie vorgestellt haben. Und wir haben auch nicht vor, es zu tun.« Zu spät! Besser also, wenn Sie rechtzeitig Klarheit gewinnen.

Ja-ja-nein-ja ist dabei eine gute – und denkbar einfache – Unterstützung. Ein Beispiel: Herr Schwabe ist Dozent für Datenverarbeitungsprogramme. Nächste

20 Ja-ja–nein–ja

flott • richtungsweisend • klärend

Woche soll er einen Tag lang mit einer Gruppe von Mitarbeitern zum Adressprogramm XXP arbeiten. Im Vorgespräch mit dem Auftraggeber hat er schon einige Informationen zur Situation der Mitarbeiter und zu deren Lerngewohnheiten gesammelt. Und ein paar Vermutungen hat er auch. Der Kurs beginnt. Herr Schwabe begrüßt die Teilnehmenden:

»Schön, dass Sie da sind. Mein Name ist Andreas Schwabe. Ich bin Trainer für Datenverarbeitungsprogramme. Ich freue mich, heute Nachmittag mit Ihnen in das Programm XXP einzusteigen. Ich war noch nie in Ihrem Unternehmen. Ich kenne bisher auch niemanden von Ihnen. Für mich also eine durchaus aufregende Sache hier. Aber natürlich habe ich mich über Sie und Ihre Situation ein wenig informiert. Und ein paar Vermutungen habe ich auch. Um ganz schnell Klarheit zu gewinnen, ob ich richtig liege, äußere ich einfach mal meine Annahmen. Sie hören zu. Und wenn ich einen Treffer lande, nicken Sie mit den Köpfen. Wenn ich danebenliege, schütteln Sie bitte die Köpfe. Und geben mir ein paar Infos, wie es wirklich ist. Gut. Dann geht's jetzt los:

Vermutung 1: Sie arbeiten alle im Bereich Kundenmanagement.

Vermutung 2: Sie kennen einander alle sehr gut.

Vermutung 3: Sie alle haben bereits Praxiserfahrungen mit dem Programm XXP gemacht.

Vermutung 4: Sie haben schon die eine oder andere Tücke des Programms zu spüren bekommen.

Vermutung 5: Sie wollen Wege kennen lernen, wie sie die Schwachstellen von XXP geschickt überlisten können.«

Die Teilnehmenden antworten mit ihren Köpfen. Und Herr Schwabe schaut sich ihre Reaktionen aufmerksam an.

Bei Vermutung 1 (»Sie arbeiten alle im Bereich Kundenmanagement«) nicken alle Teilnehmenden. Prima. Herr Schwabe

weiß jetzt also, mit welcher Mitarbeitergruppe er es zu tun hat und dass es keine Ausnahmen gibt.

Auch beim zweiten Satz (»Sie kennen einander alle sehr gut«) antworten alle mit einem deutlichen Ja. Herr Schwabe hat nun Gewissheit, dass er auf alle Formen von Vorstellungsrunden verzichten kann – und auch sollte. Die Gruppe ist arbeitsfähig und kann gleich thematisch einsteigen.

Bei Aussage Nummer 3 (»Sie alle haben bereits Praxiserfahrungen mit dem Programm XXP gemacht«) nicken alle, außer einer Dame hinten links. Herr Schwabe spricht sie freundlich an:

»Sie schütteln den Kopf. Wie ist es bei Ihnen?« Die Mitarbeiterin erklärt: »Ich kam vor einer Woche erst aus dem Mutterschutz zurück. Bevor ich ging, war von XXP noch nicht mal die Rede. Ich habe noch nicht damit gearbeitet, aber schon viel davon gehört. Und werde ab sofort wohl damit kämpfen.« Eine wichtige Information für den Trainer. Herr Schwabe kann die Teilnehmerin von Anfang an besonders unterstützen.

Bei Vermutung Nummer 4 (»Sie haben schon die eine oder andere Tücke des Programms zu spüren bekommen«) nicken die meisten Teilnehmenden. Manche ächzen und stöhnen. Herr Schwabe fragt gleich nach: »Was sind die größten Tücken, auf die Sie gestoßen sind?« Die Lernenden erzählen nun aus ihrer Praxis. Und Herr Schwabe bekommt rasch ein Bild, was genau für die Mitarbeiter hilfreich ist.

Auch bei Vermutung Nummer 5 (»Sie wollen Wege kennen lernen, wie sie die Schwachstellen von XXP geschickt überlisten können«) nicken alle Teilnehmenden entschlossen. Herr Schwabe greift die Energie auf und erklärt: »Prima, dann lassen Sie uns keine Zeit verlieren. Wir starten am besten sofort an den großen Schwachstellen. So bekommen Sie Hilfen, die Ihnen gleich ab morgen die Arbeit mit XXP erleichtern können.«

Die kurze Sequenz von **Ja-ja-nein-ja** verlief im vorgestellten Fall ganz flott. Auf die meisten Fragen nickten die Teilnehmenden bestätigend. Das ist aus 2 Gründen hilfreich: Zum einen merken die Lernenden in diesem Fall rasch, dass hier ein Trainer vor ihnen sitzt, der sich in ihre Lage versetzen kann, der ihre Anliegen versteht. Diese Haltung kann sehr motivationsfördernd sein. Zum anderen erhält der Trainer in kurzer Zeit eine glas-

20 Ja-ja–nein–ja flott • richtungsweisend • klärend

klare Reaktion auf seine Vorannahmen. Er weiß beispielsweise jetzt, dass er zügig loslegen kann. Für den Lernerfolg ist dieses Wissen nicht hoch genug einzuschätzen. Stimmen unsere Vermutungen zu Zielen, Zielgruppe, Arbeitssituation und Erwartungen mit denen der Teilnehmenden nicht überein, dann können wir methodisch noch so gut arbeiten – am Ende geht das Seminar an der Realität der Lernenden vorbei. Es lohnt sich also, sicherzugehen und nachzufragen, um Klarheit zu gewinnen.

Selten erlebe ich, dass ich mit meinen Annahmen weit danebenliege. Da höre ich dann Sätze wie: »Nein, Herr Groß. Wir unterrichten gar nicht. Wir machen nur Einzelberatungen!« Uff. Dann muss ich sehr schlucken. Und ein paarmal nachfragen: »Aha, was genau machen Sie?«. »Und was ist Ihr Anliegen bezogen auf Ihre Einzelberatungen?«

Meine Erfahrung auch in diesen zunächst schwierigen Situationen: Es lohnt sich, die Informationen so früh wie möglich zu bekommen. Auch wenn das für uns als Lehrende zunächst schmerzlich ist. Auch wenn es mühevoll wird, gemeinsam mit den Lernenden herauszufinden, wonach sie eigentlich suchen. Ist dies jedoch gelungen, dann gibt es eine Arbeitsgrundlage. Und es kann mit gutem Tempo losgehen – jetzt in die richtige Richtung.

21 Wanderfrage

kommunikativ • schwungvoll • auffrischend

Ziel:

Erarbeiteten Stoff erinnern und wiedergeben.

Kurz beschrieben:

Jeder Teilnehmende zieht eine Karte mit einer Frage zum Kursstoff. Mit dieser Frage gehen die Lernenden jeweils auf einen anderen Teilnehmenden zu. Gegenseitig beantworten sie nun nacheinander ihre Fragen – und kommen zum Inhalt ein wenig ins Gespräch. Ist alles besprochen, tauschen die Partner ihre Fragen. Mit der neuen Karte in der Hand verabschieden sie sich voneinander und suchen sich neue Partner. So wandern die Fragen eine bestimmte Zeit lang durch die Gruppe.

Material:

Moderationskarten

Dauer:

Erklärung: 2 Minuten
Fragen beantworten: 5 bis 10 Minuten

Vorbereitung:

Wanderfragen formulieren und auf Karten schreiben.

Eine ganze Etappe lang hat Herr Ritter mit einer Augenoptiker-Azubigruppe gearbeitet. Es ging um die Anatomie des Auges. Jetzt will er die Teilnehmenden das Erlernte noch einmal »ausatmen«, also erinnern, wiedergeben und übertragen lassen. Das ist gut, denn: Je früher und häufiger wir im Lernprozess innehalten und auf das Gelernte zurückschauen, desto besser können die neu entstandenen Verknüpfungen gefestigt werden.

Für diese Festigung hat er Fragen vorbereitet. Entweder schon im Vorfeld bei der Kursplanung oder im Seminar zwischendurch – zum Beispiel während die Lernenden in Paaren oder Gruppen lesen, diskutieren oder Aufgaben lösen. Fragen zu Inhalten, mit denen sich die Lernenden im zurückliegenden Kursabschnitt befasst haben. Jede Frage hat er gut lesbar auf eine Moderationskarte geschrieben. So viele, dass nachher jeder Teilnehmende eine Fragenkarte ziehen kann.

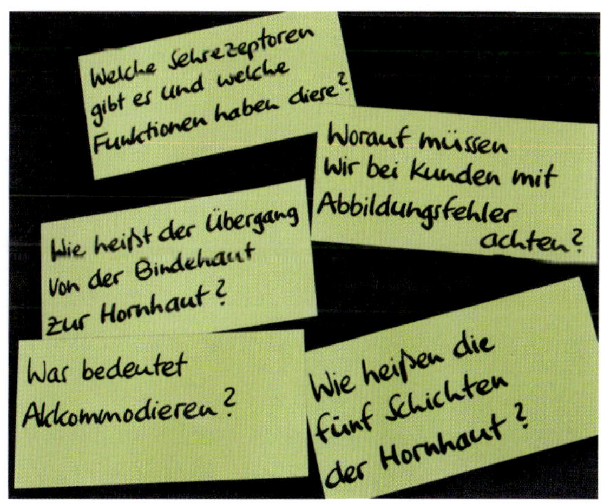

21 Wanderfrage kommunikativ • schwungvoll • auffrischend

Es ist gut, bei den Fragen für eine spannende Mischung zu sorgen.

- **Erinnerungsfragen**
  Die Lernenden müssen hier konkrete Inhalte aus dem Kurs erinnern: Aufzählen, Benennen, Wiedergeben sind hier gefragt.
- **Analysefragen**
  Hier müssen die Lernenden scharf nachdenken, vergleichen, hinterfragen …
- **Übertragungsfragen**
  »Wie lässt sich das Gelernte auf einen anderen Fall, in der eigenen Praxis anwenden?« – lautet hier die Frage. Übertragungsfragen sind wertvoll für den Lerntransfer!

Mit den beschrifteten Fragenkarten in der Hand erklärt Herr Ritter den Teilnehmenden:

»Wir haben uns heute ausgiebig mit dem Thema ›Anatomie des Auges‹ beschäftigt. Jetzt tut es gut, die wesentlichen Inhalte und Gedanken in unseren Köpfen noch einmal wachzurütteln. Stehen Sie doch bitte alle einmal auf. Ich habe für Sie alle je eine Frage mitgebracht. Ziehen Sie sich eine Karte.«

Herr Ritter geht umher. Alle ziehen eine Karte. Währenddessen fährt er fort:

»Sie können die Frage darauf gerne gleich anschauen. Kann sein, dass Sie dann ganz entspannt durchatmen und lächelnd denken: ›Super! Das kann ich leicht beantworten!‹ Möglich ist aber auch, dass Ihnen beim Anblick der Frage abwechselnd heiß und kalt wird, denn vielleicht haben Sie wenig oder sogar gar keine Erinnerung, wonach um Himmels willen hier gefragt wird. Für diejenigen habe ich eine gute Nachricht. Sie müssen die Frage gar nicht beantworten! Mit Ihrer Frage in der Hand gehen Sie alle gleich auf eine Person in unserer Runde zu. Ich zum Beispiel gehe zu Tobias. Ihm werde ich gleich meine Frage stellen. Und Tobias wird sie für mich beantworten. Das ist super! Vielleicht plaudern wir noch ein wenig miteinander darüber, vielleicht kann ich zu seiner Antwort noch etwas ergänzen. Wenn wir beide merken, dass die Frage für den Moment gut beantwortet ist, stellt Tobias seine Frage – jetzt an mich. Und ich antworte. Auch hier kommen wir über die Antwort ein wenig ins Gespräch. Wenn wir fertig sind, tauschen wir unsere Karten. Tobias erhält meine Karte, ich bekomme seine. So werden aus unseren Fragen Wanderfragen. Wir verabschieden uns voneinander. Jetzt laufe ich mit Tobias' Frage, die ich eben selbst beantwortet habe, los. Ich suche mir einen neuen Partner, eine neue Partnerin. Vielleicht ist gerade jemand frei, weil irgendwo im Raum Kollegen mit ihren Fragen gerade auch zum Ende gekommen sind; vielleicht muss ich auch ein wenig warten. Unsere Fragen wandern in den nächsten 10 Minuten durch die Gruppe. Alles klar? Dann geht's jetzt los. Suchen Sie den ersten Partner. Viel Spaß!«

Jetzt beginnt im ganzen Raum ein schönes Gewusel und Gemurmel. Ich selbst mache bei der **Wanderfrage** äußerst gerne mit. Denn dabei erfahre ich ganz direkt, wie die Teilnehmenden die Fragen beantworten, was bei ihnen ankam und hängen blieb oder wo noch Lücken sind. Sind wir eine gerade Anzahl in der Gruppe, dann entstehen die Wanderpaare ganz leicht; ist die Zahl ungerade, dann kann immer wieder eine andere Person für ein paar Augenblicke pausieren. Auch das ist zwischen dem intensiven Erinnern, Erklären und Zuhören ganz angenehm.

5 bis 10 Minuten lang lasse ich die Wanderrunde laufen. Wie lange genau, hängt von vielen Faktoren ab: Von der Anzahl der Teilnehmenden und damit den möglichen Begegnungen, von der Energie der Gruppe und auch davon, wie gerne und wie ausführlich die Lernenden antworten und erklären.

An dieser Stelle kann die Sache mit den **Wanderfragen** enden. Die Lernenden haben viele der Inhalte nochmals erinnert. Wunderbar! Bei Lernstoffen jedoch, die die Teilnehmenden sehr präzise lernen und sicher beherrschen sollten, zum Beispiel kurz vor den Abschlussprüfungen, können Sie noch eine kurze und gleichzeitig wirkungsvolle Sicherungsrunde anschließen.

Die funktioniert so: Bitten Sie die Teilnehmenden, zum Ende des Wanderns zu kommen und nach Abschluss des laufenden Gesprächs zu ihren Plätzen zurückzukehren. Wenn alle sitzen, erklären Sie: »Sie haben nun viele Fragen beantwortet und viele Antworten gehört. Ganz fix machen wir jetzt noch eine Sicherungs-

21 Wanderfrage kommunikativ • schwungvoll • auffrischend

Blitzrunde, um sicherzustellen, dass wir alle uns auch die korrekten Details eingeprägt haben. In der Hand halten Sie ja alle die Frage, mit der Sie sich zuletzt befasst hatten. Ulrike wird gleich beginnen. Sie liest uns ihre Frage vor und gibt uns eine Blitzantwort. Das bedeutet, sie antwortet kurz und präzise, bringt das Wesentliche in einem oder wenigen Sätzen auf den Punkt. Wir anderen hören aufmerksam zu. Wenn wir finden, dass zu der Frage das Wichtige gesagt ist und die Fakten auch stimmen, dann nicken wir kurz. Zack, zack geht's dann reihum mit der nächsten Frage weiter. Wenn sich Ulrike unsicher ist oder uns anderen noch etwas einfällt, dann ergänzen wir. So lange, bis wir die Frage geknackt haben. Los geht's mit Ulrikes Frage!«

Die Wanderfrage eignet sich gut, um am Ende einer Einheit die Inhalte noch einmal zu durchdenken. Aber auch im Verlauf eines mehrteiligen Kurses nutze ich sie gerne, und zwar zum Wiedereinstieg. In recht kurzer Zeit werden die wesentlichen Inhalte noch einmal aufgefrischt. Auch für Prüfungsvorbereitungen in einer größeren Gruppe ist dies eine ganz angenehme und wirkungsvolle Lernform.

22 Merkzettel

resümierend • fix • lohnend

Ziel:

Herausfiltern, was vom Lerntag für die Teilnehmenden wichtig war. Umsetzung in die Praxis vorbereiten.

Kurz beschrieben:

Am Ende einer Lernzeit erhalten die Teilnehmenden einen Merkzettel mit einer kleinen Tabelle. Darin notieren sie, welche Erkenntnisse, Techniken, Inhalte, Tricks, Gedanken für sie wertvoll sind und wo in ihrer Praxis sie diese einsetzen und anwenden werden. Ein kurzer Austausch mit dem Nachbarn oder eine kurze Vorstellung in der Gruppe kann folgen.

Material:

Kopie des Merkzettels für alle.

Dauer:

Erklärung: 1 Minute
Merkzettel ausfüllen: 3 Minuten
Austausch: 5 Minuten

Vorbereitung:

Merkzettel-Vorlage erstellen und kopieren.

Methode 22! Die letzte! Gleich haben Sie es geschafft. Aber **was** haben Sie geschafft? Sie haben, wenn Sie alle Texte auf den zurückliegenden Seiten gelesen haben, vieles über 22 Methoden und zahlreiche Varianten erfahren. Aber nützt Ihnen das? Vielleicht war es eine angenehme Lesezeit (hoffentlich!). Vielleicht bleibt davon auch der eine oder andere Gedanke hängen. Aber genügt das? Mir reicht das, ehrlich gesagt, nicht. Denn **gelernt** haben sie eigentlich bisher noch recht wenig aus diesem Buch. Was müsste passieren, damit es deutlich mehr würde? Sie müssten innehalten und noch einmal gründlich auf die Methoden blicken. Sie müssten herausfinden, welche für Sie nützlich sein könnten, mit welchen Lehrwegen Sie Ihre Kurse tatsächlich bereichern könnten. Und dann müssten Sie eine vorläufige Auswahl treffen. Und diese erproben. Und Erfahrungen machen.

Wenn Sie bei mir im Methodenkurs säßen, wäre jetzt der Zeitpunkt für den **Merkzettel** gekommen. Ich würde den Teilnehmenden erklären:

»Einen Tag lang haben wir uns mit aktivierenden Lehrwegen beschäftigt. Wir haben viel ausprobiert. Unsere ›Beutewand‹ ist reich gefüllt. Bei der Begrüßung heute Morgen sagte ich, dass es für mich unter anderem dann ein guter Tag gewesen sein wird, wenn Sie um 17 Uhr mit drei Methoden zu dieser Tür hinausgehen, von denen Sie vorfreudig lächelnd sagen: ›Die probiere ich aus! Das werde ich auf jeden Fall anwenden.‹ Es ist halb 5. Zeit also, auf Ihre ›Beute‹ zu schauen. Die Methoden heute erlebt zu haben, war ganz lehrreich. Jetzt aber geht es darum, dass Sie die Methoden in Ihre Praxis bringen. Die Wahrscheinlich-

22 Merkzettel

resümierend • fix • lohnend

keit, dass Sie tatsächlich etwas umsetzen werden, können Sie in den nächsten Minuten massiv steigern. Ich habe Ihnen einen Merkzettel mitgebracht. Der hat 2 Spalten. In der linken Spalte tragen Sie bitte ein, welche 1, 2 oder 3 Methoden Sie gerne in Ihren Kursen erproben wollen. Schauen Sie auf die ›Beutewand‹, blättern Sie in Ihrem Beutebuch (Methode 19, Band 1) lassen Sie unseren Kurstag noch einmal Revue passieren. Und tragen Sie die ersten Methoden ein, mit denen Sie gerne experimentieren wollen. Damit die Wahrscheinlichkeit steigt, dass das auch tatsächlich passiert, bitte ich Sie, hier und jetzt zu überlegen, wo und wann Sie die Methoden zum ersten Mal erproben wollen: in welchem anstehenden Kurs, bei welchem Thema, mit welcher Gruppe. Tragen Sie das gleich ein. Alles klar? Dann fangen Sie am besten an.«

In der Regel kommt jetzt geschäftige Stille auf. Für viele Teilnehmende sind die ersten 1 oder 2 Methoden für den **Merkzettel** ganz klar. Andere überlegen etwas länger.

Bevor Sie, liebe Leserin, lieber Leser, weiterblättern, bitte ich Sie, es den Teilnehmenden in den Methodenkursen gleichzutun. Sie finden hier Ihren **Merkzettel**. Sie wissen, was zu tun ist. Nehmen Sie sich Zeit. Blättern Sie im Buch und treffen Sie Ihre persönliche Auswahl. Viel Spaß!

Mein Methoden-Merkzettel

	Methode:	Da will ich die Methode einsetzen:
1		
2		
3		

22 Merkzettel

resümierend • fix • lohnend

»Und? Fündig geworden?« Manchmal stelle ich in den Kursen nur diese eine Frage und schaue von einem zum anderen Teilnehmenden. Wenn die eifrig nicken – oft mit sehr zufriedenen Gesichtern, weil es Spaß macht, Beute zu machen – lasse ich das einfach so stehen. Manchmal bitte ich die Teilnehmenden auch, in der Abschlussrunde eine ihrer ausgewählten Methoden zu nennen und zu berichten, wo Sie diese erproben wollen. Das ist für mich als Trainer hochinteressant: Denn ich sehe, welche der Inhalte bei den Teilnehmenden besonders gut oder häufig ankommen. Aber auch für die anderen Lernenden ist das noch einmal eine gute Lernhilfe: Schon allein nur zu hören, wer welche Methode erproben will, bringt die Lehrwege noch einmal in den Köpfen aller in Erinnerung. Und wenn die Teilnehmenden aus ihrer rechten Spalte vom Merkzettel berichten, wo und wie sie die Methode einsetzen wollen, erzählen sie oft von guten Umsetzungsideen, die auch die anderen nutzen können.

Wenn am Ende des Kurses noch ein wenig mehr Zeit bleibt, bilde ich manchmal auch Paare, in denen die Teilnehmenden sich ihren Merkzettel gegenseitig vorstellen und sich austauschen. Dann wird das Ganze noch intensiver. Manche dieser Paare verabreden spontan, dass sie sich auch nach dem Seminar gegenseitig in ihrem guten Vorsatz unterstützen wollen.

Für einen Methodentag eignet sich der Merkzettel prima. Aber lässt er sich auch bei anderen Themen und Formaten einsetzen? Ein klares Ja! Mit dem Merkzettel können Sie beliebige Trainings, Seminare, Vorlesungen oder Kurse beschließen. Denn am Ende geht es doch immer um die Frage, was die Teilnehmenden aus der Kurszeit mitnehmen und vor allem: was sie daraus in ihrer Praxis, in ihrem Alltag machen.

22 Merkzettel

resümierend • fix • lohnend

Hier ein paar Beispiele von ehemaligen Teilnehmenden, die den Merkzettel für ihre eigenen Veranstaltungen kreativ angepasst und dann auch eingesetzt haben.

Am Ende eines Excel-Kurses:

Mein Excel-Merkzettel		
	Funktion, Tipp, Handgriff	Wirkung - Für mich hilfreich bei …
1		
2		
3		

Für die letzten Minuten einer Informationsveranstaltung für Elternvertreter:

Mein Fazitbogen		
	Information:	Für mich interessant, wichtig bei …
1		
2		
3		

Sie sehen, es gibt viele Möglichkeiten für die Merkzettel. Und die Bögen können viele Gesichter haben. Ich schaue immer, dass ich 2 Aspekte in der Tabelle benenne, sie also fürs Denken zunächst einmal unterscheide. Aber erst gemeinsam führen sie zum Erfolg:

1. **Auswahl**: Was von dem, was wir gehört haben, ist für mich wichtig?
2. **Übertragung**: Was konkret tue ich damit?

Das Schöne am Merkzettel: Die Sache geht wirklich fix. Länger als 10 Minuten dauert das Ganze selten. Und diese 10 Minuten sind ganz wertvolle Lernminuten. Die sollten wir also so häufig wie möglich investieren!

Im Seminar würde ich jetzt ja sehen oder hören, ob und welche Methoden Sie ausgewählt haben und was Sie damit vorhaben. Leider klappt das zwischen Ihnen, liebe Leserin, lieber Leser und mir nicht so einfach. Ich bin dennoch neugierig auf Ihre Auswahl.

22 Merkzettel resümierend • fix • lohnend

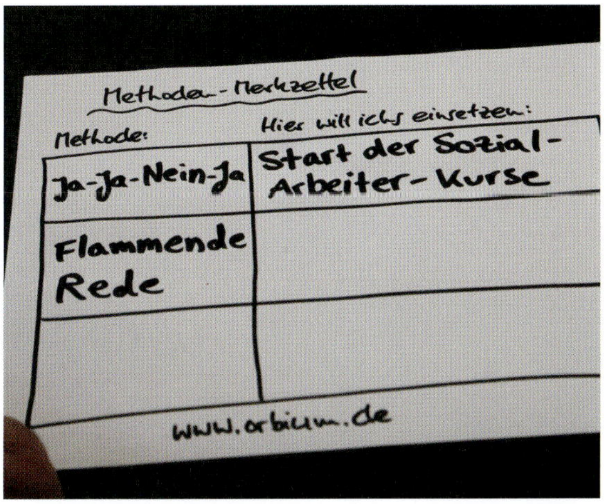

Auf der Seite **www.merkzettel.orbium.de** habe ich eine Möglichkeit geschaffen, die uns in Verbindung bringen kann. Dort finden Sie das Formular des Merkzettels, den Sie oben bereits ausgefüllt haben. Ich freue mich, wenn Sie Ihre Auswahl und Ihre Übertragungsideen auf der Website eintragen. Das geht schnell und ist für mich eine hilfreiche Rückmeldung. So sehe ich, welche Methoden besonders häufig ausgewählt werden.

Als kleines Dankeschön frage ich per Mail bei Ihnen in ein paar Wochen nach, was Sie dann tatsächlich erprobt haben – und mit welcher Wirkung. Sie können den Zeitpunkt bestimmen:

- in 22 Tagen
- in 33 Tagen
- in 44 Tagen.

Sind Sie dabei? Ich freue mich auf Ihre Nachricht!

Munterrichtsmethodenwahl

Munterrichtsmethodenwahl

Achtung - Die Sache kann schiefgehen!

In diesem Buch habe ich Ihnen 22 (weitere) Lehrmethoden sowie zahlreiche Varianten vorgestellt. Viele Wege also, die Sie einschlagen können, um Ihr Thema zu vermitteln. Schön, wenn Methoden dabei sind, mit denen Sie in den nächsten Tagen und Wochen arbeiten wollen.

Ich nutze alle diese Methoden häufig. Und mache gute Erfahrungen damit. Viele Lehrende, die die Methoden in unseren Workshops kennen gelernt haben, berichten ebenfalls von ihren Erfolgen in der Praxis. Das freut mich jedes Mal wieder. Und dennoch muss ich Sie warnen! Es kann sein, dass Sie mit einer oder mehreren dieser Methoden in Ihrem Seminar morgen oder nächste Woche voll danebenliegen. Was hier munter und erfolgversprechend klingt, kann sich in Ihrem Seminar oder in Ihrer Vorlesung als zäh und wenig zielführend entpuppen. Aufgaben, die die Teilnehmenden laut Beschreibung gut bewältigen sollten, können die Lernenden in Ihren Kursen über- oder unterfordern. Im schlimmsten Fall können sie sich sogar weigern, »so« zu lernen.

Hier ist meine Mailadresse:
h.gross@orbium.de
Wenn es also nicht hingehauen hat, können Sie mir eine wütende Mail in die Tasten hauen.

Damit es dazu nicht kommt, erwarten Sie auf den folgenden Seiten praktische Hilfen zur Methodenwahl. Zwei Ziele verfolge ich mit diesem letzten Buchteil: Sie treffen in Ihren Kursen eine gute Methodenwahl. Und ich bekomme keine Protestpost.

Es kommt ganz darauf an ...

Wo aber können Sie bei der Methodenwahl ansetzen? Eine pauschale Formel für die Auswahl gibt es bedauerlicherweise nicht. Ob die eine oder besser die andere Methode passt, kann nur situativ – also gemessen an der konkreten Seminarsituation – entschieden werden. Und auch für eine bestimmte Gelegenheit gibt es nicht nur die eine richtige Methode. Verschiedene Wege können eingeschlagen werden. Vielleicht ahnen Sie es schon – jetzt folgt der Lieblingssatz vieler Didaktikerinnen und Didaktiker: »Es kommt ganz darauf an!«

Es kommt eben ganz darauf an, mit wem Sie arbeiten, zu welchem Thema, mit welchem Ziel und unter welchen Rahmenbedingungen. Nur an diesen Be-

Munterrichtsmethodenwahl

dingungen ausgerichtet kann die Methodenwahl gut gelingen. Im ersten Band »Munterrichtsmethoden« haben wir Ihnen damals ausführlich vorgestellt, wie man sehr gründlich alle wichtigen Faktoren berücksichtigen und einbeziehen kann. In diesem Band soll es nun darum gehen, wie Sie mit weniger Aufwand und effektiver ein ähnlich treffendes Ergebnis erzielen. Denn im Traineralltag werden Sie kaum einmal ausreichend Zeit für »das ganze Programm« haben. Und mit zunehmender Erfahrung und Vertrauen in die eigene Intuition strickt sich sowieso jede und jeder selbst eine »Kurzprüfung«. Daher stelle ich Ihnen im Folgenden vor, welche Techniken sich für mich selbst in den letzten Jahren am meisten bewährt haben.

Suche nach geeigneten Methoden: die 3-Z-Formel

Eine gute Hilfe, mit der Sie die jeweils spezielle Seminarsituation unter die Lupe nehmen können, ist die 3-Z-Formel.

Martin Lehner, Didaktikprofessor an der Fachhochschule Technikum Wien, beschreibt in seinem Buch »Raus aus der Vollständigkeitsfalle« die 3-Z-Formel. Er sagt: »Bei der Konzeption einer Veranstaltung, bei der Planung und bei der Methodenwahl kommt es auf 3 wesentliche Z an.«

Überlegen Sie, bevor Sie umblättern: Welche Z könnte er meinen?

Munterrichtsmethodenwahl

In Professor Lehners 3-Z-Formel sind es diese: Ziel, Zeit und Zielgruppe. Von diesen Bedingungen hängt maßgeblich ab, was im Seminar möglich und sinnvoll ist.

Ich empfehle Ihnen also für die Methodenwahl, dass Sie sich so früh wie möglich Gedanken über Ziel, Zeit und Zielgruppe machen. Damit Sie sicherstellen, dass die auserkorenen Methoden am Ende eine gute Wahl sind.

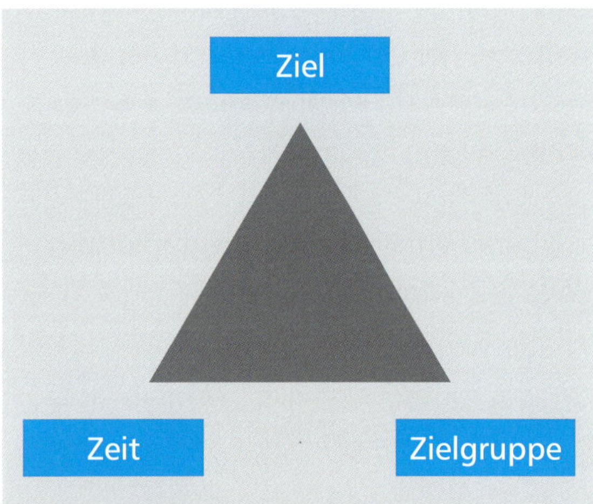

Wir fangen im Dreieck rechts unten mit der Zielgruppe an:

Zielgruppe

Fortgeschrittene oder Anfänger, ernste oder fröhliche Erdenbürger, Junge, Alte, Frauen, Männer, Technikerinnen oder Philosophen … Völlig unterschiedlich können die Menschen in Ihren Kursen sein. Die Teilnehmenden sind es, für die letzten Endes alle Anstrengungen unternommen werden. Zu ihnen müssen die Methoden passen, an ihnen muss sich die Methodenwahl orientieren.

Je mehr wir über die Teilnehmenden wissen – oder vermuten können –, desto passgenauer können wir die Methodenwahl treffen. Es lohnt sich also zu überlegen, wie groß die Gruppe ist, wie homogen oder heterogen.

Wie alt sind die Teilnehmenden? Wie viele Frauen, wie viele Männer nehmen teil? Kennen sie einander? Wie gut? Woher? Haben sie schon gemeinsam gelernt, andere Kurse besucht? Wie lernen sie vermutlich? An welche Methoden sind sie gewöhnt?

Indem Sie sich mit diesen Fragen beschäftigen, möglicherweise fehlende Antworten noch einholen, gewinnen Sie ein erstes Bild von Ihrer Zielgruppe. Und die Chance, dass Sie – für Ihre Lernenden – passende Methoden wählen, steigt enorm.

Munterrichtsmethodenwahl

Zeit

Gehen wir im Dreieck weiter zum nächsten Z, zur Zeit. Wie viel Zeit steht zur Verfügung? Leiten Sie einen Wochenkurs, ein Tagesseminar oder einen Kurzworkshop? Arbeiten Sie in kurzen 45-Minuten-Einheiten oder in längeren Blöcken? Einige Methoden können in bestimmten Situationen schon deshalb nicht eingesetzt werden, weil ihre Durchführung einfach zu lange dauert. Die Zeit ist also ein ganz wichtiges Wahlkriterium. Immer wieder müssen wir uns fragen: »Wie viel Zeit steht zur Verfügung?«

Ziel

»Jede Methode verfolgt konkrete Lernziele« – so lautet das erste Munterrichtsprinzip. Konsequenterweise steht »Ziel« im Dreieck oben an der Spitze. Denn Zeitrahmen und Zielgruppe müssen sich letztlich dem Ziel schon untergeordnet haben. Mit einer zu großen, inhomogenen Gruppe in zu kurzer Zeit lässt sich ein bestimmtes Ziel vermutlich nicht erreichen – unerfüllbare Aufträge können Sie nicht erfüllen!

Mit den Munterrichtsmethoden wollen wir immer etwas Bestimmtes erreichen: Die Lernenden sollen etwas kennen lernen, eine Sache verstehen, eine Idee hinterfragen, mit einem Gedanken spielen, ein Modell auf die Praxis übertragen. Ob der gesuchte Lernweg zum Volltreffer oder zum Fehlgriff wird, hängt ganz entscheidend davon ab, ob er geeignet ist, das jeweils gesteckte Ziel zu erreichen. Als Dozentinnen und Dozenten müssen wir also das Ziel jeder Lerneinheit genau kennen und benennen können. Wir müssen uns bei jeder Methodenentscheidung darüber im Klaren sein, was wir erreichen wollen.

Nun haben wir alle 3 Z angeschaut. Ziel, Zeit und Zielgruppe. Die Herausforderung bei der Methodenwahl: Wir müssen nicht nur jedes Z einzeln, sondern auch das Zusammenspiel der 3 Z-Bedingungen berucksichtigen.

Meine Lieblingsnachrichtensendung im Deutschen Fernsehen, die »Tagesschau«, ist spitze darin

- Die »Tagesschau« schafft es, ab 20 Uhr in 15 Minuten (Zeit) die Durchschnittsbürger (Zielgruppe) über die wichtigsten Ereignisse des Tages kurz zu informieren (Ziel).

Munterrichtsmethodenwahl

- Der »Tagesschau« gelingt es aber auch, nach 22 Uhr in 30 Minuten (Zeit) die Wachen und Interessierten (Zielgruppe) über das Tagesgeschehen detaillierter zu informieren und mit Reportagen und Kommentar in die Breite und Tiefe zu gehen (Ziel).

- Und im Format »Tagesschau in 100 Sekunden« (Zeit) informiert die Kurzsendung die Eiligen (Zielgruppe) sehr knapp und knackig über das Wesentlichste des Tages (Ziel).

Jeweils passend zu dem jeweiligen Mix von Ziel, Zeit und Zielgruppe gestaltet die Tagesschau das Format. Und genau das können wir auch tun. Wir wählen Methoden passend zu Ziel, Zeit und Zielgruppe, wie sie uns in der Regel vorgegeben sind.

Die 3-Z-Formel können Sie entweder für ein ganzes Seminar, einen einzelnen Baustein oder auch nur ein ganz spezielles Anliegen in Ihrem Kurs nutzen. Wenn ich Trainerinnen und Trainer bei der Methodenwahl berate, beginnen unsere Gespräche entsprechend immer gleich: Ich frage nach Ziel, Zeit und Zielgruppe. So bekommen wir ein gutes Bild von der Situation und können überlegen, welche Methoden in Frage kommen. Je besser Sie Ihre Methoden kennen, desto schneller und sicherer geht das.

Probieren Sie es am besten gleich einmal aus. Wählen Sie einen Kurs, den Sie in nächster Zeit durchführen werden. Tragen Sie auf der nächsten Seite zu diesem Kurs Informationen zu Ziel, Zeit und Zielgruppe zusammen.

Kurs	
Ziel	
Zeit	Zielgruppe

Munterrichtsmethodenwahl

Manchmal fällt es ganz leicht, die Informationen zu notieren. Bisweilen ist es auch mühsamer. Zum Beispiel dann, wenn die Ziele für das Vorhaben nicht so klar sind. Oder wenn wichtige Hinweise über die Teilnehmenden und die Rahmenbedingungen fehlen. Sind diese jedoch gefunden, dann können Sie ganz gezielt nach passenden Methoden suchen. Aber ohne diese Informationen bleiben Sie selbst ziellos und zurecht unsicher bei der Methodensuche.

Engere Auswahl treffen

Damit Sie anschließend auch eine gute Auswahl treffen, lohnt es sich, 3 weitere Aspekte zu bedenken: das Thema, Ihren Lehrstil und die Komposition Ihrer Kursbausteine.

Thema

Arbeitsrecht, Naturheilkunde oder Zeitmanagement – die Liste der Themen, um die es in der beruflichen Aus- und Weiterbildung gehen kann, ist endlos. Nicht nur die Inhalte sind vielfältig, auch in ihren Eigenschaften unterscheiden sich die Themen: Sie können abstrakt oder praxisnah sein, komplex oder eindimensional, aufregend oder staubtrocken, breit angelegt oder tiefschürfend, kopflastig oder emotional.

Klar, dass bei so vielen Unterschieden nicht jede Methode jedem Thema gerecht werden kann.

Begriffs-Paten (Methode 1, Band 2) zum Beispiel ist grundsätzlich eine prima Sache. Ungeeignet ist die Methode allerdings bei Themen, die sehr komplex sind. Themen, bei denen es sich aus didaktischen Gründen empfiehlt, die Lernenden Schritt für Schritt ins Gebiet einzuführen, Baustein für Baustein aufeinander aufzubauen. Da lassen sich schlecht gleich zu Beginn Aufgaben an einzelne Paten vergeben. Als Novizen im fremden, umfangreichen Thema wären sie mit dem Auftrag überfordert. **Begriffs-Paten** passt hier eben nicht gut zum Thema.

Wir müssen bei der Methodenwahl also stets prüfen, ob die vorab gefundene Methode für das spezielle Thema geeignet ist.

Munterrichtsmethodenwahl

Lehrstil

Nun kommt der für den Methodeneinsatz vielleicht wichtigste Erfolgsfaktor: Ihr persönlicher Lehrstil. Es ist gut, dass Lehrer und Professorinnen, Ausbilderinnen und Dozenten das Lernen auf unterschiedliche Weise auslösen. Lernen in Seminaren und Kursen wäre höchst langweilig, wenn alle Lehrenden gleich vorgingen. Dozentinnen und Dozenten mit Ecken und Kanten machen den Lernalltag lebendig. Entwickeln Sie also Ihren persönlichen Lehrstil weiter. Und arbeiten Sie mit den Methoden, die Sie selbst ansprechen. Verändern Sie die Methoden. Natürlich auch die aus diesem Buch! So, dass sie zu Ihnen und Ihrem Stil passen.

Ob eine Methode im Seminar ankommt, hängt ganz maßgeblich davon ab, wie Sie den Lernweg »rüberbringen«. Wenn Sie Freude daran haben, dann spüren das die Lernenden – auch zwischen den Zeilen!

Komposition

Wie eine Sinfonie oder eine Sonate will auch ein Seminar gut komponiert sein. »Komponieren« kommt aus dem Lateinischen und bedeutet: »etwas zusammensetzen«, »ein Kunstwerk nach bestimmten Gesetzen aufbauen, gestalten«. Nicht nur auf die Teile selbst kommt es an. Der Erfolg hängt auch von der ausgewogenen Abfolge, dem Zusammenspiel, eben der Komposition der Bestandteile ab.

In der Musik bedient sich der Komponist beispielsweise verschiedener Melodien, Tonarten und Tempi. Bei der Seminarkomposition sind es die Sozialformen (Einzel-, Partner- und Gruppenarbeit), die Grundformen des Lehrens (referieren, vorzeigen, lesen, schreiben) und die vielseitigen Charakteristika der Methoden (sportlich, ruhig, aufregend usw.), aus denen die Seminarsinfonie komponiert wird.

Und die gefällt dann gut, wenn der Komponist das richtige Maß, die passende Reihenfolge, eine ausgewogene Mischung und den geeigneten Zeitpunkt für die Methoden findet, wenn kein Zuviel, Zulang oder Zuwenig entsteht. So wäre die Arbeit mit dem **Sicherheitscheck** (Methode 5, Band 2) nach einer ausführlichen **Zwischenbilanz** (Methode 7, Band 2) mit hoher Wahrscheinlichkeit keine gelungene Komposition. »Alles, was ich übertreibe, ist sträflich«, lautet ein wichtiger didaktischer Grundsatz. Eine Auswertungsmethode reicht in der Regel vollkommen aus!

Munterrichtsmethodenwahl

Zusammenfassung: die 6 Fragen zur Methodenwahl

Für eine gelingende Methodensuche und -auswahl ergeben sich also 6 Aspekte, die zu beachten sind. Als Fundament zur Suche aus der 3-Z-Formel das Ziel, die Zeit und die Zielgruppe. Und dann zur genaueren Wahl das Thema, unser Lehrstil und die Komposition der Einheiten.

Um sicherzugehen, dass eine Methode passt, stellen Sie sich also die 6 Prüffragen:

- Passt die Methode zum Ziel bzw. zu den Zielen?
- Passt die Methode zur Zielgruppe?
- Passt die Methode zum Zeitrahmen?
- Passt die Methode zum Thema?
- Passt die Methode zu meinem individuellen Lehrstil?
- Passt die Methode zur gesamten Kurskomposition?

Nach dieser Analyse werden Sie in den meisten Fällen eine gute Wahl treffen. In den meisten Fällen, nicht immer. Es gibt keine Garantie auf Volltreffer. Wir dürfen auch mal danebenliegen. Wenn mir das passiert, stehe ich (inzwischen) ganz gelassen dazu: »Oho, das war wohl nicht der geeignete Weg. Haben Sie eine Idee, wie wir besser weitermachen können?« Das entlastet mich – und die Teilnehmenden können mitdenken, was fürs Vorankommen jetzt hilfreich wäre. Häufig haben die Lernenden wirklich gute, ganz unkomplizierte Ideen – und schon so manche neue Munterrichtsmethode ist daraus entstanden.

Auf eine weitere Sache bei der Methodenwahl möchte ich Sie noch hinweisen – die Kraft der Intuition und Eingebung. Manchmal geht es mir in der Praxis so: Ich habe eine Methode ausgesucht, für die Weiterarbeit nach der Mittagspause. Habe auf Ziel, Zeit und Zielgruppe geachtet. Ich habe geprüft, ob der Weg zum Thema passt. Und zu meinem Stil sowieso. Und ich habe geschaut, ob sich die einzelnen Arbeitsschritte gut zusammenfügen. Alles habe ich also gut analysiert, wie hier von mir selbst empfohlen. Dann gehe ich zurück in den Seminarraum. Mit bester Absicht, so zu arbeiten. Die Teilnehmenden trudeln ein. Und bei mir stellt sich plötzlich ein ungutes Gefühl ein: »So nicht, Harald! Mach es anders!« Ich könnte Ihnen in dem Moment nicht erklären, warum. Plötzlich weiß ich eben, dass die Sache so wie geplant nicht passt. Ich habe gute Erfahrungen damit gemacht, in solchen Situationen

Munterrichtsmethodenwahl

meiner Intuition zu folgen. Und einen anderen Weg einzuschlagen, vielleicht einen ganz unspektakulären.

Mit offenen Antennen für Ihre Intuition einerseits und einer nüchternen Analyse der jeweiligen Situation andererseits sind Sie gut gewappnet für die Auswahl der Methoden. Und müssen mir hoffentlich keine bösen Mails schreiben.

Bald sind Sie auf der letzten Seite des Buches angelangt. Schön, dass Sie so lange dabeigeblieben sind. Ganz zum Schluss habe ich für Sie noch 3 Tipps zur Zeitplanung bei Ihrer Arbeit mit den Munterrichtsmethoden. Los geht's!

Die Kunst der Zeitplanung

»Wie schätze ich ab, wie lange die Arbeit mit einer bestimmten Methode dauert?« Diese Frage stellen viele Teilnehmende in unseren Trainerausbildungen. Wer nur einfach etwas vorträgt, kann die dafür benötigte Zeit recht gut abschätzen. Da reicht es, den Vortrag einmal durchzugehen, die Zeit zu stoppen und 20 Prozent für mögliche Fragen zu addieren. Fertig.

Mit den Munterrichtsmethoden ist das so einfach nicht möglich. Warum? Weil hier eine schwer kalkulierbare Größe ins Spiel kommt: die Lernenden! Wie sollen wir abschätzen, wie lange sie brauchen werden, um beispielsweise bei **Karten legen** (Methode 16, Band 2) die 16 Begriffe zu finden? Oder woher wissen wir, wie viele Unklarheiten durch den **Sicherheitscheck** (Methode 5, Band 2) oder die **Wanderfrage** (Methode 21, Band 2) aufkommen? Mit diesen Methoden sorgt man ja geradezu dafür, den Zeitplan durcheinanderzubringen. Jedoch aus gutem Grund. Denn mit diesen Methoden ermöglichen Sie den Teilnehmenden, den Lernprozess mitzusteuern. Und ermöglichen nicht zuletzt auch dadurch viel bessere Lernergebnisse!

Für alle, die ihren Lernenden Raum zum Mitmachen geben, ist die Zeitplanung also herausfordernd. Jedoch nicht unmöglich! Hier 3 hilfreiche Tipps.

Tipp 1: Filetieren Sie

Wenn ich bei der Planung eines Kursbausteines Methoden auswähle, dann mache ich gute Erfahrungen damit, ein kleines Lehrdrehbuch zu entwickeln. Wie ein Regisseur notiere ich, welche Schritte nacheinander zum Ziel führen

Munterrichtsmethodenwahl

sollen. Und wie lange sie vermutlich dauern werden. Ganz besonders dann, wenn ich mir noch unbekannte Methoden einsetze, filetiere ich die einzelnen Schritte möglichst kleinteilig. Der Vorteil: Je kleiner die Schritte sind, desto besser kann ich abschätzen, wie viel Zeit sie in Anspruch nehmen werden.

Ein Beispiel: Ich habe vor, mit einer Gruppe zum Abschluss die Methode **Karten legen** (Methode 16, Band 2) zu nutzen. In einer Tabelle oder auf einem Notizzettel schreibe ich auf, welche einzelnen Schritte wir gehen werden. Und schätze für jeden Schritt eine Minutenzahl – aus der sich lauter Uhrzeiten und am Ende auch die Schlusszeit ergeben. Das könnte so aussehen:

Dauer	Zeit	Schritt
5	15:30	Begrüßen und wachmachen nach der letzten Pause
2	15:35	Farbige A4-Blätter und weiße A3-Blätter verteilen
1	15:37	Ziel der Abschlussübung erklären: »Was macht für *mich* die Qualität in der Lehre aus?«
2	15:38	Auftrag: das Papier 4 Mal falten …
7	15:40	… und 16 Begriffe sammeln: »Was macht für *mich* die Qualität in der Lehre aus?«
3	15:47	Zettel reißen
10	15:50	Karten legen, kleben, Verbindungen einzeichnen
2	16:00	Partner finden, zusammenkommen
10	16:02	Karten gegenseitig vorstellen
3	16:12	Zurückkehren in die Gruppe
…	…	…

Munterrichtsmethodenwahl

Das wirkt natürlich extrem kleinkariert! So eine Minutenzählerei. Aber ich selbst habe beim Notieren der einzelnen Etappen gerade gemerkt: Ich hätte sonst glatt unterschätzt, wie lange der Arbeitsprozess beim Karten legen dauert. Oft sind es gerade die kleinen Schritte zwischendurch, die unerwartet viel Zeit in Anspruch nehmen: 20 Teilnehmende mit Material versorgen, Gruppen bilden … Das kann einige Zeit kosten!

Je genauer ich also den Methodenfisch filetiere, desto treffsicherer werde ich planen können.

Tipp 2: Trainieren Sie Ihr Zeitgefühl

Die Aufteilung in einzelne Arbeitsschritte kann helfen, realistische Schätzungen hinzubekommen.

Nutzen Sie Ihr kleines Lehrdrehbuch mit Ihren Zeitschätzungen, um selbst weiterzulernen. Sie können damit Ihr Zeitgefühl trainieren. Legen Sie Ihr Lehrdrehbuch einfach im Seminar auf Ihr Pult, auf Ihren Materialtisch hinter der Pinnwand – oder an eine andere Stelle,

Dauer	Zeit	Schritt
5	15:30	Begrüßen und wachmachen nach der letzten Pause
2	15:35	Farbige A4-Blätter und weiße A3-Blätter verteilen
1 ✓ o. k.	15:37	Ziel der Abschlussübung erklären: »Was macht für *mich* die Qualität in der Lehre aus?«
2 ✓ o. k.	15:38	Auftrag: das Papier 4 Mal falten …
7 ✓ o. k.	15:40	… und 16 Begriffe sammeln: »Was macht für *mich* die Qualität in der Lehre aus?«
3	15:47	Zettel reißen ✓ o. k.
10	15:50	Karten legen, kleben, Verbindungen einzeichnen
2 ✓ o. k.	16:00	Partner finden, zusammenkommen
10	16:02	Karten gegenseitig vorstellen
3	16:12	Zurückkehren in die Gruppe
…	…	…

Zeitliche Verzögerung. Erfahrung: Teilnehmende kommen später aus der Pause zurück. Dadurch späterer Start.

Ging schneller, da Blätter am Platz vorbereitet.

Dauert länger. Besser 15 Minuten Zeit einplanen.

Kann kürzer und länger dauern. Puffer einplanen.

1 Minute einplanen reicht.

wo Sie es – unbeobachtet von den Lernenden – im Blick haben können.

Schauen Sie dann während des Seminars immer wieder auf die Uhr. Und prüfen Sie, wie gut Sie geschätzt haben. Haken Sie treffsichere Schätzungen ab und markieren Sie die Stellen, an denen Sie danebengelegen haben. So werden Sie im Laufe der Zeit mit den Schätzungen immer besser und wissen schließlich einfach, wie lange bestimmte Arbeitsschritte dauern.

Tipp 3: Entwickeln Sie KML-Versionen

Was aber tun, wenn die Zeit – trotz aller Filetplanung – dann doch knapp wird? Wir können die Lernenden drängen. Das führt möglicherweise zum Ziel, ist aber nicht sehr elegant. Wir können Programmpunkte kommentarlos streichen, auch angekündigte. So kann man sich bisweilen durchwursteln. Aber fair und transparent ist das nicht. Wir können kapitulieren und offen erklären: »Die Zeit reicht nicht aus.« Das kommt eben manchmal vor. Kann aber Lernende frustrieren. Gerade dann, wenn sie sich auf den wegfallenden Block besonders gefreut haben.

Und wie können wir reagieren, wenn noch viel Zeit übrig bleibt? Einfach mal eine Stunde früher Schluss machen. Viele Lernende freuen sich. Doch unsere Auftraggeber sind da nicht immer begeistert. Also den Kurs mit Pausen strecken? Kann funktionieren. Es geht aber cleverer.

Hier kommt Tipp 3 ins Spiel: Entwickeln Sie für entscheidende Stellen in Ihren Bausteinen verschiedene Varianten: kurze, mittlere und lange Versionen, also KML-Versionen, wobei in der Regel die mittellange der Originalversion entspricht. Im Seminar selbst umzudisponieren ist möglich, gerade für Anfänger aber ziemlich herausfordernd. Es lohnt sich also, vorher schon für 1 bis 2 wichtige Stellen zu überlegen:

- Wie könnte ich die Methode alternativ durchführen, wenn die Zeit knapp wird?
- Wie könnte ich die Methode durchführen, wenn unerwartet viel Zeit bleibt?

Wie es funktionieren kann, schauen wir uns an einem Beispiel an: Ich habe vor, mit einer Gruppe mit der **Wanderfrage** (Methode 21, Band 2) zu arbeiten.

Munterrichtsmethodenwahl

Das soll gegen Ende des zweiten Kurstages passieren. Beginn wäre so gegen 16.15 Uhr.

Zur Erinnerung hier noch einmal die Kurzbeschreibung der **Wanderfrage**:

Kurz beschrieben:

Jeder Teilnehmende zieht eine Karte mit einer Frage zum Kursstoff. Mit dieser Frage gehen die Lernenden jeweils auf einen anderen Teilnehmenden zu. Gegenseitig beantworten sie nun nacheinander ihre Fragen – und kommen zum Inhalt ein wenig ins Gespräch. Ist alles besprochen, tauschen die Partner ihre Fragen. Mit der neuen Karte in der Hand verabschieden sie sich voneinander und suchen sich neue Partner. So wandern die Fragen eine bestimmte Zeit lang durch die Gruppe.

Dauer:

Erklärung: 2 Minuten
Fragen beantworten: 5 bis 10 Minuten

Schon bei der Vorbereitung kann ich mir nun Möglichkeiten ausdenken, wie ich aus dieser mittleren Version kürzere und längere Wege entwickle. Immer mit dem gleichen Ziel im Blick: Die Lernenden sollen mit der **Wanderfrage** den bisher erarbeiteten Stoff erinnern und wiedergeben. Ohne dass die Teilnehmenden es merken, kann ich dann – je nach Zeitbudget – die Methode auf unterschiedliche Weise durchführen. Kurz und knackig, wenn die Zeit knapp wird. Oder intensiv und ausführlich, wenn noch unerwartet viel Zeit geblieben ist. Auf diese Weise kann ich zur Freude aller eine Punktlandung hinlegen und planmäßig um 16.30 Uhr zum Ende kommen.

Überlegen sie, bevor Sie nach rechts schauen: Wie könnten Kurzvarianten der **Wanderfrage** aussehen? Und wie die langen Versionen?

Ideen für kurze Versionen der Wanderfrage

Ideen für längere Versionen der Wanderfrage

Munterrichtsmethodenwahl

Hier ein paar Ideen. Viele weitere Formen sind möglich!

Ideen für kurze Versionen der Wanderfrage

Alle Teilnehmenden beantworten nur 2 Fragen. Dann zum Ende kommen.

Die Teilnehmenden bleiben an ihren Plätzen sitzen. Die Fragenkarten werden herumgereicht und nur kurz mit dem Nachbarn besprochen.

...

Ideen für längere Versionen der Wanderfrage

Die Teilnehmenden selbst formulieren zunächst die Fragen und schreiben sie auf Karten.

Im Anschluss gibt es eine Runde, in der alle Teilnehmenden ihre jeweils letzten Fragen vorlesen und eine Antwort geben.

...

Letzte Worte ...

Ganz zum Schluss noch ein Abschlusstipp: Damit Sie bei der Vorbereitung oder während des Seminars schnell viele Methodenideen bekommen, gibt es auf Wunsch vieler Teilnehmender die Munterrichtsmethoden nun kurz beschrieben auf Postkarten. Mit allen wesentlichen Informationen – und einem schönen Bild dazu. Die inzwischen 44 Munterrichtsmethoden-Karten sind eine prima Inspirationsquelle, die Sie leicht im Seminargepäck dabeihaben können. Die Karten können Sie unkompliziert unter **www.shop.orbium.de** bestellen.

Spätestens jetzt kann es also bei Ihnen so richtig losgehen. Ich wünsche Ihnen viel Mut und Freude beim Ausprobieren der Methoden, gute Entscheidungen und vor allem: viele erfolgreich ausgelöste Lernmomente in Ihren Kursen!

Zum Weiterlesen

Arnold, Rolf:
Wie man lehrt, ohne zu belehren – 29 Regeln für eine kluge Lehre. Heidelberg: Carl Auer Verlag, 2012

Arnold, Rolf:
Ich lerne, also bin ich – Eine systemisch-konstruktivistische Didaktik. Heidelberg: Carl Auer Verlag, 2007

Arnold, Rolf & Nolda, Sigrid & Nuissl, Ekkehard:
Wörterbuch der Erwachsenenbildung. Bad Heilbrunn: Julius Klinkhardt Verlag, 2010

Besser, Ralph:
Transfer: Damit Seminare Früchte tragen – Strategien, Übungen und Methoden, die eine konkrete Umsetzung in der Praxis sichern. Weinheim: Beltz Verlag, 2004

Döring, Klaus W.:
Handbuch Lehren und Trainieren in der Weiterbildung. Weinheim: Beltz Verlag, 2008

Edelmann, Walter & Wittmann, Simone:
Lernpsychologie. Weinheim: Beltz Verlag, 2012

Groß, Harald:
Lernlust statt Paukfrust – Mit deinen Motivatoren leichter lernen in Schule, Studium und Beruf. Berlin: Schilling Verlag, 2011

Groß, Harald:
Munterbrechungen – 22 aktivierende Auflockerungen für Seminare und Sitzungen. Berlin: Schilling Verlag, 2010

Groß, Harald & Boden, Betty & Boden, Nikolaas:
Munterrichtsmethoden – 22 aktivierende Lehrmethoden für die Seminarpraxis. Berlin: Schilling Verlag, 2006

Groß, Harald & Boden, Nikolaas & Boden, Betty:
Von Kopf bis Fuß auf Lernen eingestellt – Ein munteres Lernhandbuch. Berlin: Schilling Verlag, 2004

Hattie, John & Beywl, Wolfgang & Zierer, Klaus:
Lernen sichtbar machen – Überarbeitete deutschsprachige Ausgabe von »Visible Learning«. Baltmannsweiler: Schneider Verlag, 2013

Hunter, Regina:
Minimal lernen. Bern: Hep Verlag, 2011

Klauer, Karl Josef & Leutner, Detlev:
Lehren und Lernen – Einführung in die Instruktionspsychologie. Weinheim: Beltz Verlag, 2012

Lehner, Martin:
Viel Stoff – wenig Zeit: Wege aus der Vollständigkeitsfalle. Berlin, Stuttgart, Wien: Haupt Verlag, 2006

Siebert, Horst:
Methoden für die Bildungsarbeit – Leitfaden für aktivierendes Lehren. Bielefeld: Bertelsmann Verlag, 2010

Stern, Elisabeth & Felten, Michael:
Lernwirksam unterrichten – Im Schulalltag von der Lernforschung profitieren. Berlin: Cornelsen Verlag, 2012

Wahl, Diethelm:
Lernumgebungen erfolgreich gestalten – Vom trägen Wissen zum kompetenten Handeln. Bad Heilbrunn: Julius Klinkhardt Verlag, 2010

Whitaker, Todd:
Was gute Lehrer anders machen – 14 Dinge, auf die es wirklich ankommt. Weinheim: Beltz Verlag, 2009

Danke

Vielen Dank

Viele Menschen haben mich bei der Entwicklung der Munterrichtsmethoden und der Entstehung dieses Buches unterstützt. Vielen Dank an alle **Lernende** in unseren Seminaren für ihre Freude am Erproben der Methoden.

Herzlichen Dank an **Gert Schilling**, der über Jahre Geduld bewies, bis die zweite Methoden-Sammlung gereift war. Als es endlich soweit war, stellte er während der spannenden Fußball-WM 2014 bis zum Anpfiff des Finalspiels dieses Buch her. Vielen Dank an unsere Fotografin **Angelika Wolpert** und die fröhlichen Fotomodelle. Mehr über sie auf der nächsten Seite.

Ganz besonders danke ich meinen Eltern **Rita und Siegbert Groß**, die auch dieses Buch unzählige Male lasen. Sie sind nicht nur die Korrekturfüchse der Bücher, sondern auch meine Lehrereltern, die mir die Freude am Lernen und Lehren in die Wiege legten.

Apropos Freude: Mit ihrer unbändigen Freude am Lernen und Spielen hat meine Kollegin **Annemarie Stammkötter** diese Methodensammlung vorangebracht und geprägt. Alle neuen Methoden-Ideen habe ich zuallererst Annemarie vorgestellt. Oft nahm sie den Faden begeistert auf. Und gemeinsam entwickelten wir die Wege. Bisweilen aber schüttelte sie den Kopf: »Wo bleibt die Munterkeit, Harald?« Liebe Munter-Marie, vielen Dank!

Herzlichen Dank außerdem an:

Florian Adam
Betty Boden
Nikolaas Boden
Angela Ehmann
Michael Groß
Rabea Heinz
Corinna Gustke
Anja Köhler
Marion Kreutter
Tobias Lehmann
Ira Lenz
Michael Malsch
Riana Manske
Aaron Mayer
Erdmute Otto
Claus Peters
Rupert Prossinagg
Christian Rehbein
Fabian Ruth
Johannes Sauer
Bernhard Sigel
Nicole Schreyer
Ulrike van Staveren
Gaby Strassburger

Danke

Wir hatten einen munteren Tag …

Diese Gesichter sind Ihnen nach der Lektüre vertraut: Ulrike van Staveren (**M**), Harald Groß (**U**), Ira Lenz (**N**), Aaron Mayer (**T**), Tobias Lehmann (**E**), Bernhard Sigel (**R**), Johannes Sauer (**R**), Christian Rehbein (**I**), Riana Manske (**C**) und Rabea Heinz (**H**) standen an einem Frühlingstag Modell für die Munterrichtsmethoden. Das Bild zeigt gut, wie heiter es trotz aller Herausforderungen zuging.
22 **Munterrichtsmethoden** haben ihre Wirkung getan! Und auch unsere Fotografin Angelika Wolpert (hinter der Kamera) und ihr Assistent Gert Schilling (**T**) haben zur guten Stimmung und zum schönen Ergebnis beigetragen.

Herzlichen Dank!

Weiterlernen mit Orbium Seminare Berlin

Lust auf mehr?

Bei Orbium-Seminare Berlin gibt's nicht nur Munterrichtsmethoden. Sorgen Sie mit unseren Munterbrechungen auch in Ihren Kursen für neue Energie. Oder kommen Sie mit uns Ihren Lernmotivatoren auf die Spur – und denen Ihrer Teilnehmenden.

Mit unserem Profiteam können Sie nicht nur in Büchern lernen. Erleben Sie uns live in unseren Trainings, zum Beispiel in diesen:

- Fachtrainerausbildung
- Hochschuldidaktik
- Munterrichtsmethoden
- Munterbrechungen
- Präsentationstraining
- Lernmotivation

orbium® Seminare

Aktuelle Informationen finden Sie unter **www.orbium.de** oder unter **www.lernmotivatoren.de**

Kennen Sie schon den Orbium-Newsletter?

- neue Methodenhits
- Veranstaltungshinweise für Trainer
- Praxistipps

Einfach registrieren unter **www.orbium.de** oder per Mail bei **info@orbium.de**

Moderation von Gruppen
Der Praxisleitfaden für die Moderation von Gruppen, die gemeinsam arbeiten, lernen, Ideen sammeln, Lösungen finden und entscheiden wollen

Gert Schilling, ISBN 978-3-930816-59-0

Angewandte Rhetorik und Präsentationstechnik
Der Praxisleitfaden für Vortrag und Präsentation

Gert Schilling, ISBN 978-3-930816-58-3

Verkaufstraining
Der Praxisleitfaden für das beratende Verkaufsgespräch

Gert Schilling, ISBN 978-3-930816-61-3

Zeitmanagement
Der Praxisleitfaden für Ihr persönliches Zeitmanagement

Gert Schilling, ISBN 978-3-930816-62-0

Wundertüte Konflikt
Der Praxisleitfaden für den erfolgreichen Umgang mit Konflikten

Thorsten Schildt, ISBN 978-3-930816-67-5

Projektmanagement
Der Praxisleitfaden für die erfolgreiche Durchführung von kleinen und mittleren Projekten

Gert Schilling, ISBN 978-3-930816-60-6

Präsentieren mit Laptop und Beamer
Der Praxisleitfaden für Ihre wirkungsvolle Präsentation mit Laptop und Beamer

Gert Schilling, ISBN 978-3-930816-64-4

Munterrichtsmethoden
22 aktivierende Lehrmethoden für die Seminarpraxis

Harald Groß, Nikolaas und Betty Boden, ISBN 978-3-930816-18-7

Munterrichtsmethoden - Band 2
22 weitere aktivierende Lehrmethoden für die Seminarpraxis

Harald Groß, ISBN 978-3-930816-28-6

Munterbrechungen
22 aktivierende Auflockerungen für Seminare und Sitzungen

Harald Groß, ISBN: 978-3-930816-20-0

Von Kopf bis Fuß auf Lernen eingestellt
Ein munteres Lernhandbuch

Harald Groß, Nikolaas und Betty Boden, ISBN 978-3-930816-17-0

Lernlust statt Paukfru
Mit deinen Motivatoren leicht lernen in Schule, Studium un Beruf

Harald Groß, ISBN 978-3-930816-

Kartensets
22 Munterrichtsmethoden Teil 1

22 Munterrichtsmethoden Teil 2

Lernlust statt Paukfrust

von Harald Groß

Einfach Coaching

Das Praxisbuch für Führungskräfte, Projektleiter und Personalverantwortliche

Thomas A. Knappe und Jürgen Straßburg,
ISBN 978-3-930816-19-4

Die METALOG Methode

Hypnosystemisches Arbeiten mit Interaktionsaufgaben

Tobias Voß, ISBN: 978-3-930816-22-4

VISUALTools

Visualisieren leicht gemacht

Markus Wortmann, ISBN: 978-3-930816-21-7

Seminar-Spiele

Kennenlernspiele, Auflockerungsspiele, Feedbackspiele und Interaktionsspiele

Gert Schilling, ISBN 978-3-930816-63-7

Ich kann's ja doch!

Die Kunst der täglichen Kommunikation

Unterhaltsames Hörbuch, Eva Ullmann,
ISBN: 978-3-930816-24-8

Ohne Worte

Nonverbale Kommunikation im Berufsalltag - Ein Handbuch

Yvonne Schubert
ISBN: 978-3-930816-26-2

Tarzan findet Jane!

Partner- und Gruppenfindungsübungen für Seminare & Co.

Marcus Koch
ISBN: 978-3-930816-27-9

Seminar Zubehör

Jonglier-Bälle
70 mm Durchmesser

Kommentator
Feedback mit Sound

OH-Zeigestab »Hand«
fluoreszierend, rot

Schaumstoff-Würfel
rot, 16 x 16 cm

Jonglier-Teller
24 cm Durchmesser

Traumpartner Fäden
Fäden zur Teambildung

Massagetiere
Tierische Entspannung

Beutebuch
Transfersicherung

Ampelkarten
3er Set grün, gelb, rote

Didaktische Zaubermaterialien

Visualisieren und verankern Sie Ihre Lernziele mit zauberhaften Metaphern.

Zum Beispiel: Satz Zaubermaterial

Ein Satz besteht aus 1x Team-Puzzle (27x13 cm), 1x Ziel-Pfeil klein (ca. 7cm), 1x Multi-Pip klein (8x5,5cm), 1x Quadrat-Rätsel (210x297cm) und 1x Schatten-Spiel (210x297cm) inkl. Erklärung

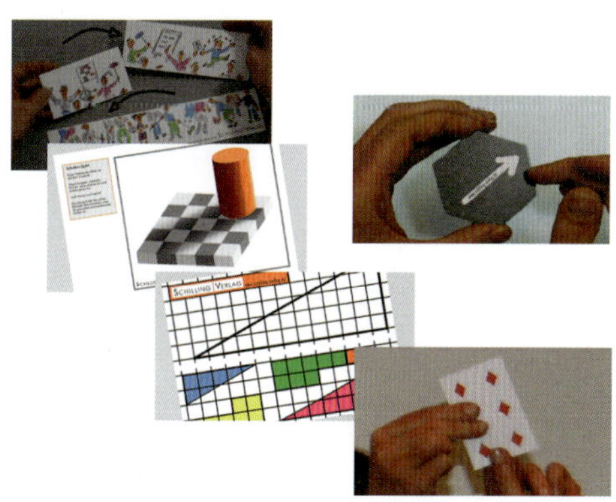